帰ってきた避難小屋

HASHIO UTAKO
橋尾歌子

JN093368

山と溪谷社

帰ってきた避難小屋

CONTENTS

本書の使い方

・本書は著者が訪ね歩いた避難小屋（無人小屋）を紹介するものです。
・避難小屋とは、悪天候などの非常時に避難、休憩、宿泊するための山小屋です。緊急時以外の使用を禁止している小屋、通年無人開放している小屋、限定された期間のみ管理人が常駐している小屋などがあります。避難小屋使用においては、一定のマナーやルールが求められます。詳細はp170を参照してください。
・小屋の間取りや状況、登山道などの様子は、取材当時のものです。
・イラストという特性のため、間取りなどは正確なものとは限りません。適宜、省略やデフォルメを加えています。

DATA欄について

所在地：避難小屋の位置および小屋までのアクセス方法。基本的に山中にあるため、小屋に行くためには一般的な登山技術が必要です。場所によりクライミング等の技術が必要なこともあります。所要時間は大まかな目安です。
収容人数：避難小屋の特性上、収容人数以上の宿泊者がいる可能性があります。
管理：無人の場合も利用料などが必要な場合があります。
水場：季節によって涸れることがあります。
トイレ：ない場合は携帯トイレの持参を。
＊DATA欄の情報は2023年12月時点のものです。

INDEX

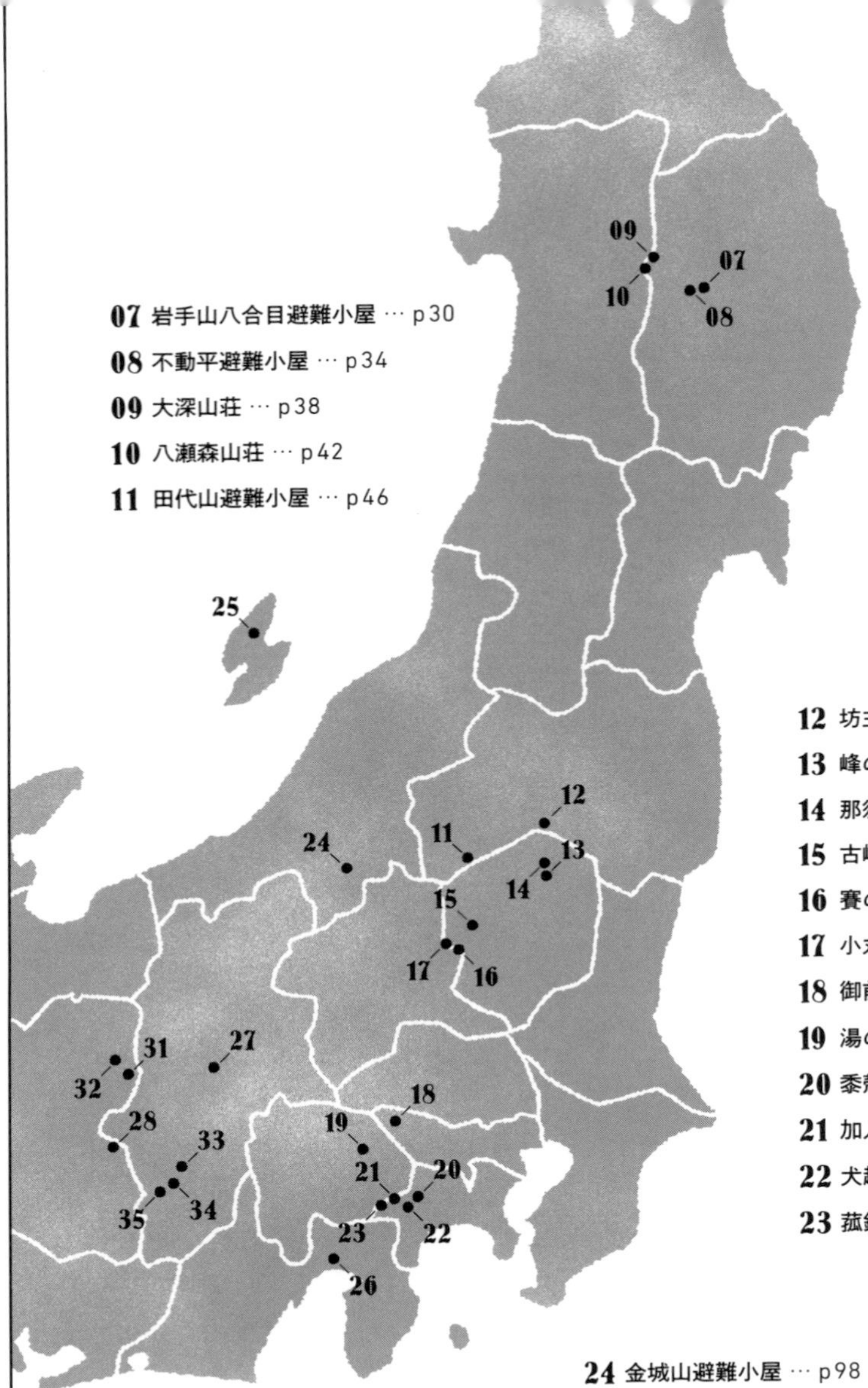
09
07
10
08
25
12
11
24
13
14
15
17
16
31
27
32
28
18
33
19
21
20
35
34
23
22
26

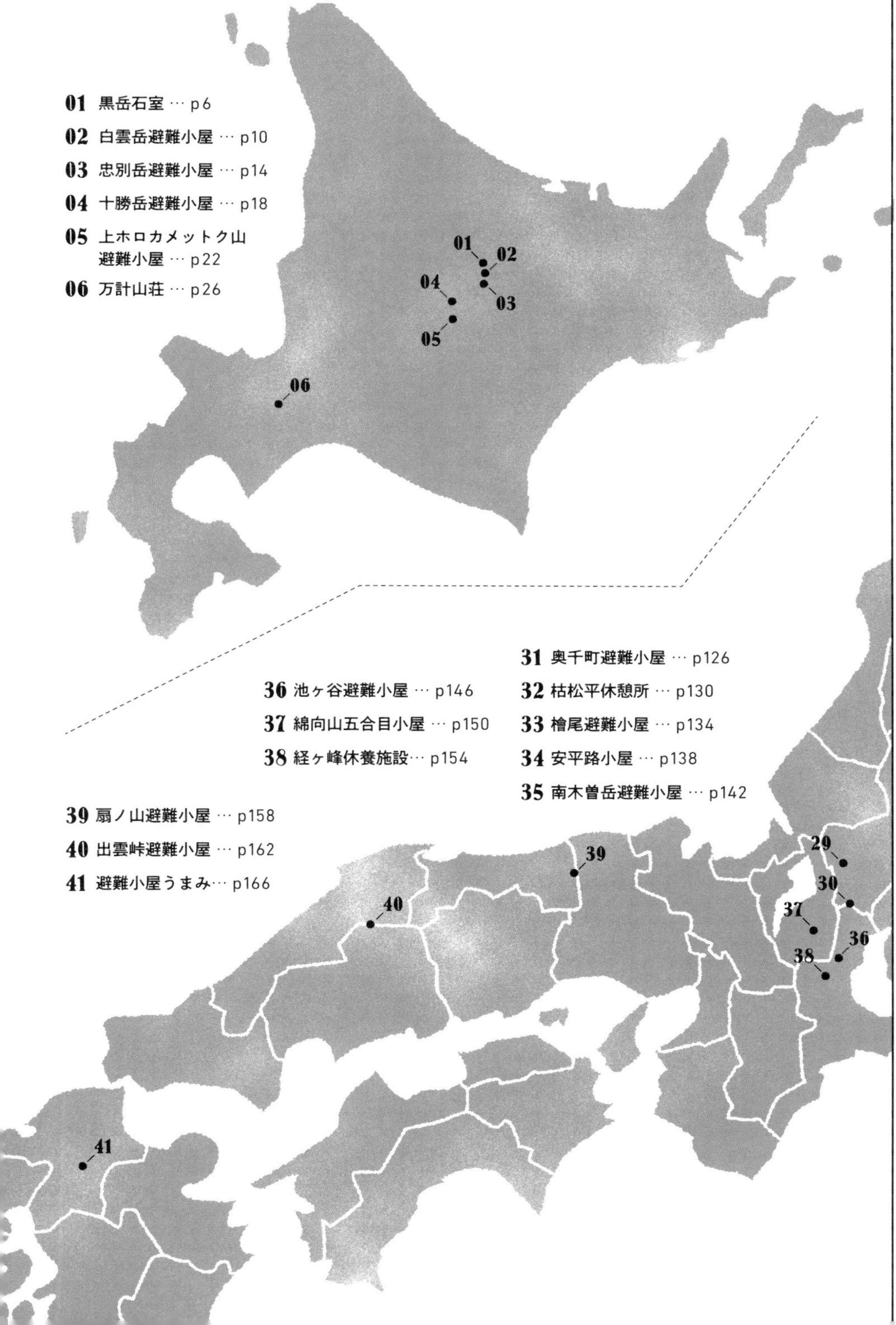

01
02
03
04
05
06
29
30
37
36
38
39
40
41

mountain cabin

北海道
大雪山

no.01 黒岳石室

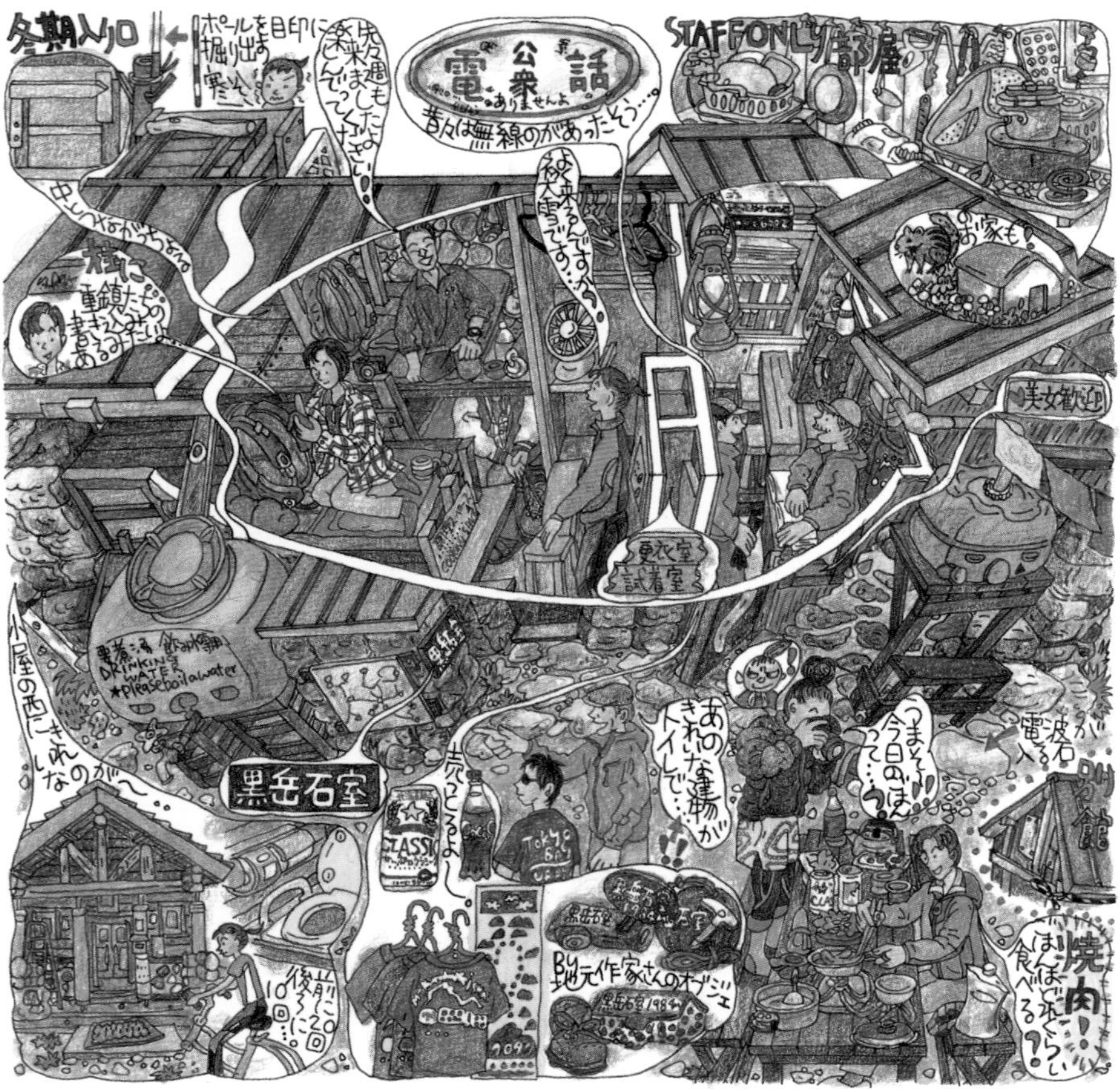

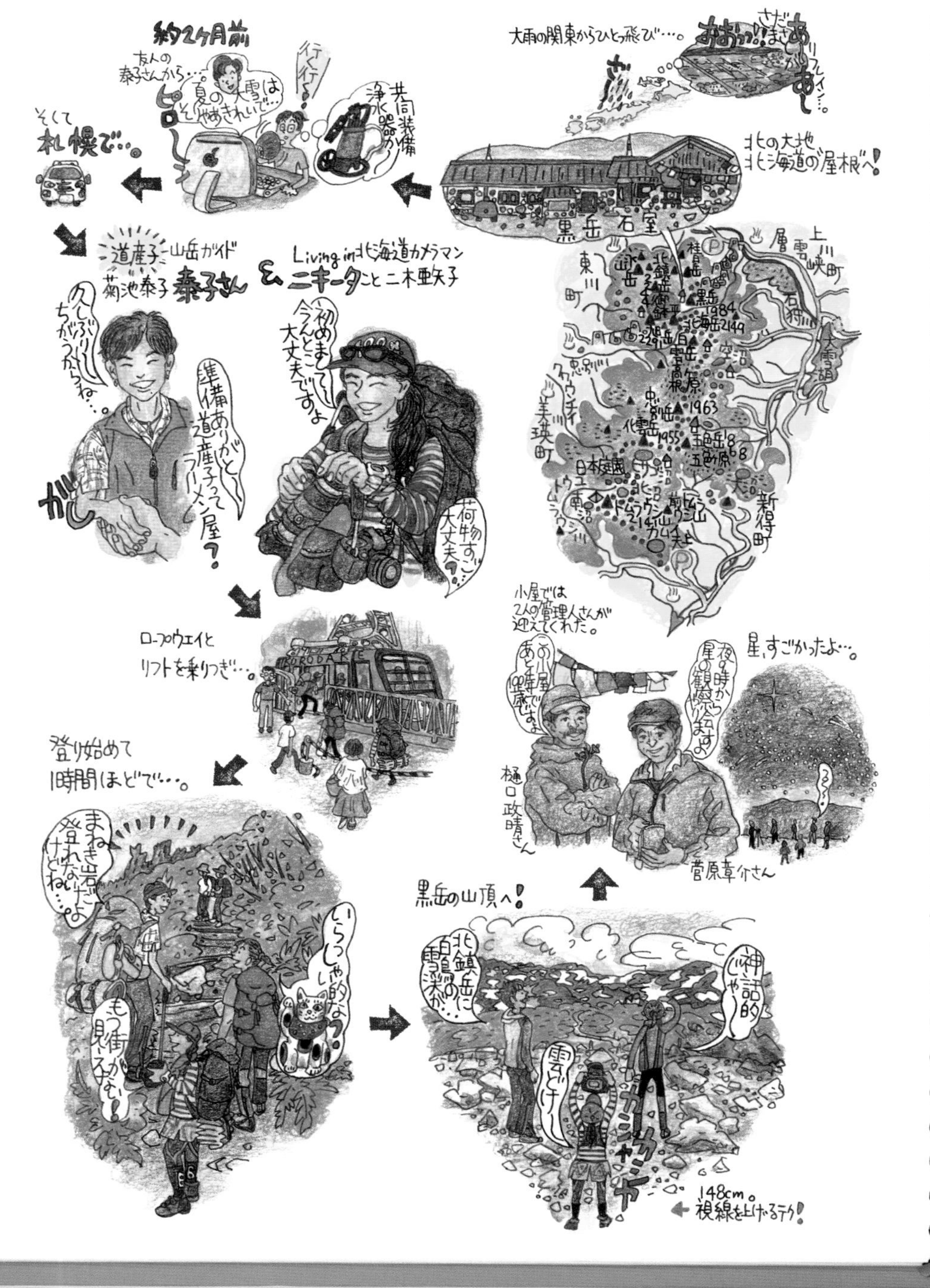
大雨の関東からひとっ飛び…。
おおっっ!!まさにありがたやフレイ…。
北の大地
北海道の"屋根"へ!
黒岳石室
約2ヶ月前
友人の泰子さんから…
夏の大雪はそりゃあきれいで…
行く行く!
共同装備浄水器か!
そして札幌で…。
道産子山岳ガイド
菊池泰子 泰子さん
& Living in 北海道カメラマン
ニキータこと二木亜矢子
久しぶり〜
ちがうからね…
準備ありがとう〜
道産子ってラーメン屋?
初めまして〜
今んとこ大丈夫ですよ
荷物すごい大丈夫?
ロープウエイと
リフトを乗りつぎ…。
登り始めて
1時間ほどで…。
まねき岩だよ
登れないけどね…
もう街が見えるね!
いらっしゃい的な?
黒岳の山頂へ!
北鎮岳に白鳥の雪渓が…
神話的じゃ〜
雲どけ〜
カシャカシャ
148cm。視線を上げるテク!
小屋では
2人の管理人さんが
迎えてくれた。
この小屋あと4年で100歳ですよ
夜8時から星の観察会やりますよ
樋口政晴さん
菅原章介さん
星、すごかったよ…。
黒岳
1984
北海岳2149
旭岳2291
白雲岳
高根ヶ原
忠別岳
1963
化雲岳
1955
五色岳
五色ヶ原
トムラウシ山
2141
日本庭園
東川町
美瑛町
新得町
層雲峡
上川町
石狩川
大雪湖

mountain cabin

no. 01

黒岳石室

4月末、北海道在住の山岳ガイド、菊池泰子さんから、この夏大雪《たいせつ》山に来ない?と連絡があった。以前、北海道の山に行きたいと話したことを覚えていてくれたのだ。

ロープウェイ、リフトがあるので、夏の大雪山黒《くろ》岳は人気の日帰り登山コース。また旭《あさひ》岳方面やトムラウシまでの縦走コース上でも、黒岳石室《くろだけいしむろ》は重要な拠点だ。避難小屋ではあるが、シーズン中は管理人が常駐し、飲み物や物品の販売もある。

かつてこの場所に、狩猟のための小屋があったという説があるが、記録はない。1923（大正12）年、北海道山岳会の結成を機に、帝室林野局（のちに林野庁に統一）と北海道庁が合同で、層雲峡《そううんきょう》温泉～黒岳、旭岳経由松山温泉（現天人峡《てんにんきょう》温泉）の横断路を開削し、黒岳石室と旭岳石室を建設した。宿泊費は1泊毛布付きで50銭。当初の小屋は石室部分のみであったが、その後、改修と管理棟部分や別館の増設などを繰り返し、現在の姿になった。

石室建設以降の登山者の増加で、トイレ問題には試行錯誤を繰り返したが、現在のバイオトイレは2003年9月に完成し、04年から使用開始された。

DATA

所在地●北海道・大雪山北部、黒岳（1984m）山頂から西に750mの鞍部（1890m）。層雲峡からロープウェイとリフトを乗り継ぎ、七合目登山口から黒岳山頂経由で2時間

収容人数●100人

管理●6月下旬～9月下旬は管理人常駐。素泊まり2000円。テント泊500円。期間外無料

水場●天水をもらえる（要煮沸）

トイレ●別棟にあり。協力金500円を支払う

取材日●2019年7月8～11日

問合せ先●層雲峡・黒岳ロープウェイ☎01658-5-3031

小屋と登山道の管理は、上川町からの委託を受け、ロープウェイを運営するりんゆう観光が行なっている。

札幌で、泰子さんと、カメラマンのニキータこと二木亜矢子さんと合流。かっちょいい写真で、来年の『ワンダーフォーゲル』の取材にしよう！という作戦だ。元関西人のニキータは、北海道に魅せられ、移住してきたそうだ。

ロープウェイとリフトを乗り継ぎ七合目登山口へ。歩き始めると、周辺には早くも高山植物が咲き乱れる。自衛隊の団体やたくさんの登山者に会った。

進んでいけば、ところどころに雪渓が残り、やがて目の前に特徴的な岩峰が見える。「あれ、まねき岩だよ」と教わった。一休みして周囲を見回すと、人工物がまったく見えない、山また山の世界が広がる。わずか1時間ほどでこんなに山深いところに来てしまった。

黒岳の山頂から、西側の北鎮岳《ほくちん》には白鳥の姿をした雪形が見られるとか。雲が切れるのを待つと、やがて目の前にゆったりとした山々が広がった。「裾野が広くて雄大で、私は大好きだなぁ」と泰子さん。スキーが得意な泰子さんとニキータは、滑ると気持ちよさそうな斜面を見つけて盛り上がる。

山頂から少し下り小屋に着く。小屋には2人の管理人さんがいて、満天の星の下、星の観察会をしてくれた。

MEMORIES

この時のことは、『ワンダーフォーゲル』（20年4月号）にルポ掲載！　その後行った、滋賀県の綿向山五合目小屋のお話を「綿向山を愛する会」の横山さんに聞くと、「記事見ましたよ」。そして深～いところでつながっとった！

mountain cabin

北海道
大雪山

no.02 白雲岳避難小屋

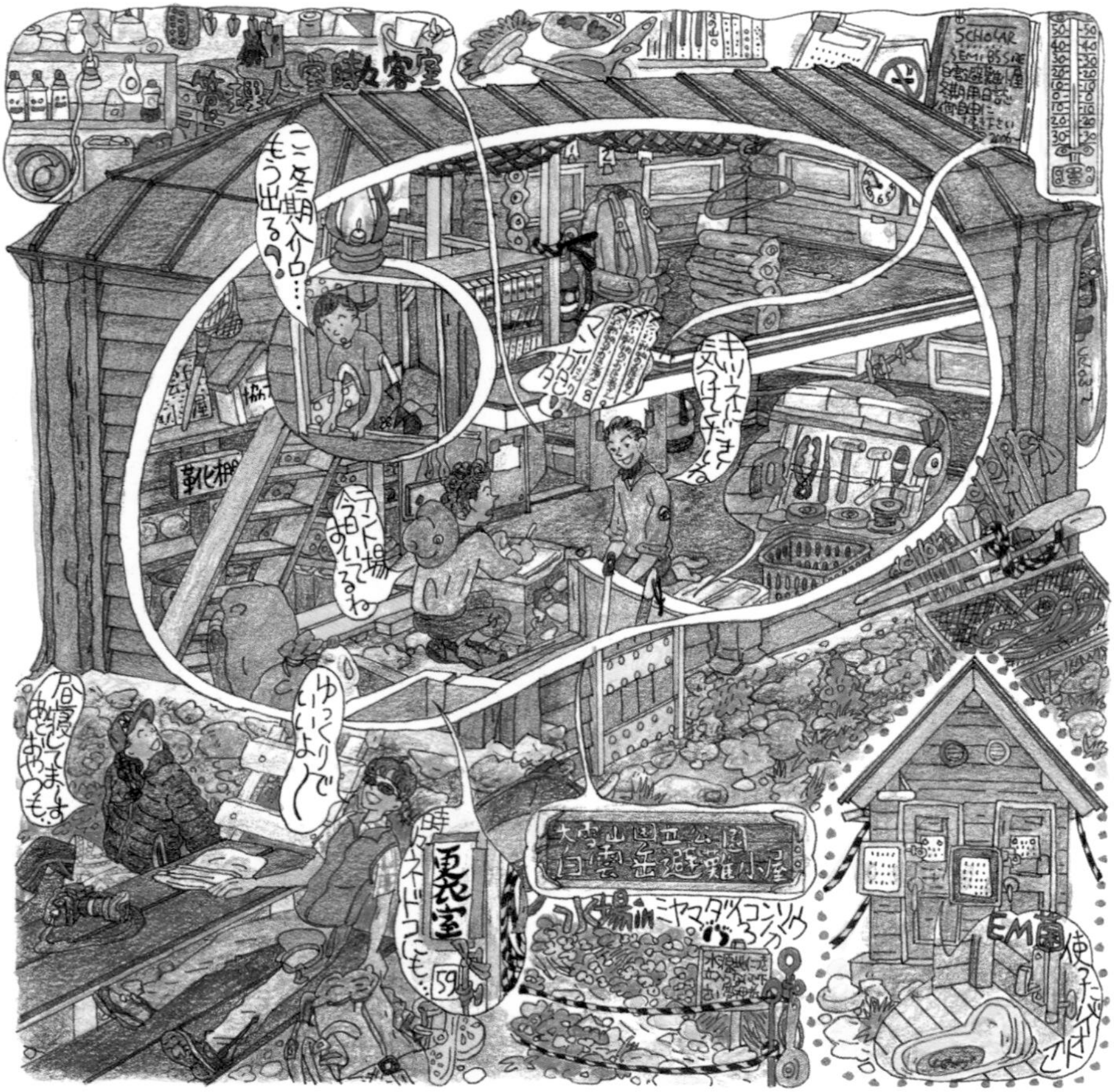

早朝の黒岳テント場。
ニキータは撮影、泰子さんはごはん作り、
私は…。
ごはんできたどー
できたぞ〜
ああ北海道…。
夢の大雪山！
…の2日目…。
上川町
東川町
美瑛町
大雪湖
白雲岳避難小屋
徒渉のあと…。
この上御鉢平だからね
北海岳の山頂へ！
トムラウシは王冠
その左にぽこっと落ちてるのが忠別岳。あそこまで行くよ！
と、遠いやんけ…
うそって言って…
ちょっと下ると…。
えっ!?ティッシュがいっぱい…!?
白雲岳避難小屋には…。
昨年から管理やってます
古山亮平さん
オンジ
ハイジ
ユキ
高根ヶ原は広く広く…。
カムイミンタラ
わわっ
※神々の遊ぶ庭
ゆるい登り、だんだん効いてくる…。
忠別岳…まだか…!
延々とカムイミンタラ

mountain cabin

no. 02

白雲岳避難小屋

2019年夏、山岳ガイドの菊池泰子&カメラマンのニキータ（二木亜矢子）と縦走した大雪山《たいせつざん》。夢のようだったなぁ〜。

2日目のこの日は約15㎞の長丁場。黒《くろ》岳石室から忠別《ちゅうべつ》岳避難小屋まで歩いた。白雲《はくうん》岳避難小屋はその途中にある。

築40年ほどのこの小屋には、多方向から1日で来ることができ、トムラウシまでの縦走に大事な拠点だ。水が豊富で、小高い丘の上に立つ天空の古城のようなたたずまいも人気のひとつ。

小屋の管理は、上川町と、上川町などが参画する大雪山国立公園上川地区登山道等維持管理連絡協議会が行ない、シーズン中は管理人が常駐しているのも心強い。物品の販売などは基本的にないが、ピーク時には、更衣室や管理人室も宿泊客に開放するほど登山者でにぎわうそうだ。

黒岳石室そばのテント場で目覚めると、ニキータの姿はない。外で撮影をしているようだ。泰子さんは手早く食事の支度を始めた。

朝日を浴びながら出発。雪渓を下り、徒渉して、緩やかな登りが始まる。樹林帯を抜け、ぱぁ〜っと開けた北海《ほっかい》岳の山頂に到着した。ゆったりとした

DATA

所在地●北海道・大雪山北部、北海岳（2149m）山頂から南下する縦走路上、　白雲岳分岐から北西に1000mの鞍部（1990m）。白雲岳山頂から南東に750m。黒岳ロープウェイから黒岳、北海岳を経て4時間40分。取材時は黒岳石室発とした

収容人数●60人

管理●6月下旬〜9月下旬は管理人常駐。小屋利用協力金2000円、登山道維持協力金1000円。テント場利用協力金500円

水場●小屋周辺にあり

トイレ●別棟にあり

取材日●2019年7月8〜11日

問合せ先●上川町役場産業経済課商工観光グループ☎01658-2-4058

山並みが広がる。緑色の山肌に雪渓をつけた山々の向こう、青くかすんだ山が見える。「あの王冠みたいなのがトムラウシ。その左のぼこっと落ちてるのが忠別岳。今日あそこまで行くよ」と泰子さん。が〜ん。めっちゃ遠いやないか……。「忠別岳から、今日泊まる避難小屋までも、すぐじゃないよ」と追い打ちをかけた。

白雲岳への分岐から下り、白雲岳避難小屋に到着。水を汲み、休憩させてもらった。管理人の古山亮平さんは、新潟県から北海道に移り住み、登山を始めたとか。林野庁のパトロールを経て、去年から管理人をしている。

私が小屋を探索する間、ふたりは気持ちよさそうに昼寝をしていた。

小屋から少し下り高根ヶ原を歩く。キバナシオガマやエゾオヤマノエンドウなど、本州では見ることがない花が咲いている。はるか遠くに忠別岳。その東側に、ゆったりと大きな山並みが広がる。石狩《いしかり》岳や、その南にあるニペソツ山だ。「あっちも歩いてみたいですね」とニキータ。私も同じことを考えていた。

青い空の下、どこまでも広がる山々、風に揺れる花たち……。まさにカムイミンタラ（神々が遊ぶ庭）。しかし歩いても歩いてもカムイミンタラは続き、だんだん気が遠くなってきたよ……。

MEMORIES

初北海道の山は、関東の山とも越後の山とも東北の山とも違う雄大さで、まさにカムイミンタラ（使い方合ってる？）。この時訪れた白雲岳避難小屋は、2021年度から新しくなった。鈴木みきちゃん小屋番してたの？　いいな〜。

mountain cabin

北海道

大雪山

no.03 忠別岳避難小屋

2019.7.9

早朝、
忠別岳避難小屋を
出発して…。
大雪山縦走…
いよいよクライマックスの3日目へ！
忠別岳避難小屋
上川町
東川町
旭岳
北鎮岳
黒岳
白雲岳
高根ヶ原
忠別岳
1963
五色岳
化雲岳
日本庭園
ロックガーデン
トムラウシ山
2141
美瑛岳
十勝岳
上富良野町
富良野市
新得町
1時間ほどで五色岳へ。
撮りますよ～
うん着替えないの？
トムラウシ山が
だんだん近付いてきた～。
あの黒いのってヒグマっ!?
日本庭園…。
まだまだ続くカムイミンタラ！
化雲岳の山頂には
ぽっこがあって…。
ロックガーデンで
ナキウサギ待ち
をして…。
待ってたら会えるよ
あっいた!!
トムラウシ山はすごい人！

mountain cabin

no. 03

忠別岳避難小屋

朝、忠別《ちゅうべつ》岳の避難小屋で目覚めると、階下にいた登山者たちはすでに出発し、小屋の中にはわれわれだけ。われわれとは、山岳ガイドの菊池泰子、カメラマンのニキータこと二木亜矢子、私。大雪《たいせつ》山北部の黒《くろ》岳から縦走し、3日目の朝だ。

1954（昭和29）年開催の第9回国民体育大会の山岳競技会場に大雪山縦走路が選ばれ、それに備えて登山道を整備し、白雲《はくうん》岳避難小屋と忠別岳避難小屋を建設した。当時の小屋は、2軒とも現地採石の石室タイプだった。

忠別岳避難小屋は沢状地形にあるため雪害が激しく、71年に北海道が再建した。内部にトイレが3基あったが今は閉鎖され、物置となっている。のちに現在のトイレが建てられ、2012年、屋根や内部が補修された。

まだ薄暗い小屋を出発し、1時間ほどで五色《ごしき》岳の山頂に到着。昨日登った忠別岳が、オレンジ色に染まっている。

山頂付近のみっしりと群生したハイマツ林を抜けると、大草原に出た。昨日まで小さかったトムラウシ山が、ずいぶん近くなっている。所々に雪渓や池塘があり、広い草原は朝日を浴びてみるみる色を変えていく。眠っていた

DATA

所在地●北海道・大雪山南部、忠別岳（1963m）山頂から縦走路を南下し分岐から15分の平坦地（1620m）にある。忠別岳山頂から1時間、小屋からトムラウシ山（2141m）までは6時間

収容人数●30人

管理●通年無人、無料

水場●小屋周辺にあり

トイレ●別棟にあり

取材日●2019年7月8〜11日

問合せ先●上川総合振興局保健環境部環境生活課 ☎0166-46-5922

高山植物は目を覚まし、次々と花開いていくようだ。と、遠くに米粒よりももっと小さな黒いシミが！　ニキータがカメラを特大望遠レンズに交換し、「あ！　お食事中？」と言う。生まれて初めて見たヒグマ……ちっちぇ〜。化雲《かうん》岳山頂にあるデベソのような〝ぼっこ〟。そこからはトムラウシ山の西側に連なる山々が見えた。「あそこはもう十勝《とかち》連山だよ」と泰子さんに教わった。あぁ、あそこにも行ってみたいなぁ。

その先は、お花畑のなかの木道を歩いた。見たことがないほどたくさんのチングルマの向こうに、トムラウシ山がどんどんと大きくなる。岩場を歩くと聞こえてきた小さな声は、ナキウサギなのだそうだ。静かに待っていると、かわいらしい姿を発見した。

トムラウシ山山頂は、反対側からの登山者でにぎわっていて、「縦走してきたの？　いいね〜」と笑顔で迎えられた。全員百名山完登をめざす人たちだった。

山頂から下り、最後の夜は南沼のテント場。お花畑の中のテント場にはほかにも登山者がたくさん。背負ってきたビールを飲んで過ごし、翌朝下山した。

初日に泰子さんに言われた。「縦走してトムラウシの山頂に立つと、次に行きたい山が見つかるよ」。その言葉を思い出し、あのナキウサギの声が響くカムイミンタラに、また身を置きたいと思うのじゃ〜。

MEMORIES

初！ヒグマは、遠くてマッチ棒の先ほどの小ささ。泰子さんの熊スプレーを持って行ったが、23年、関東でも熊が大出没で、私もスプレー購入。1万9000円の高級品、しかも使用期限4年程度。使いたいような使いたくないような。

mountain cabin

no.04 十勝岳避難小屋

北海道
十勝岳

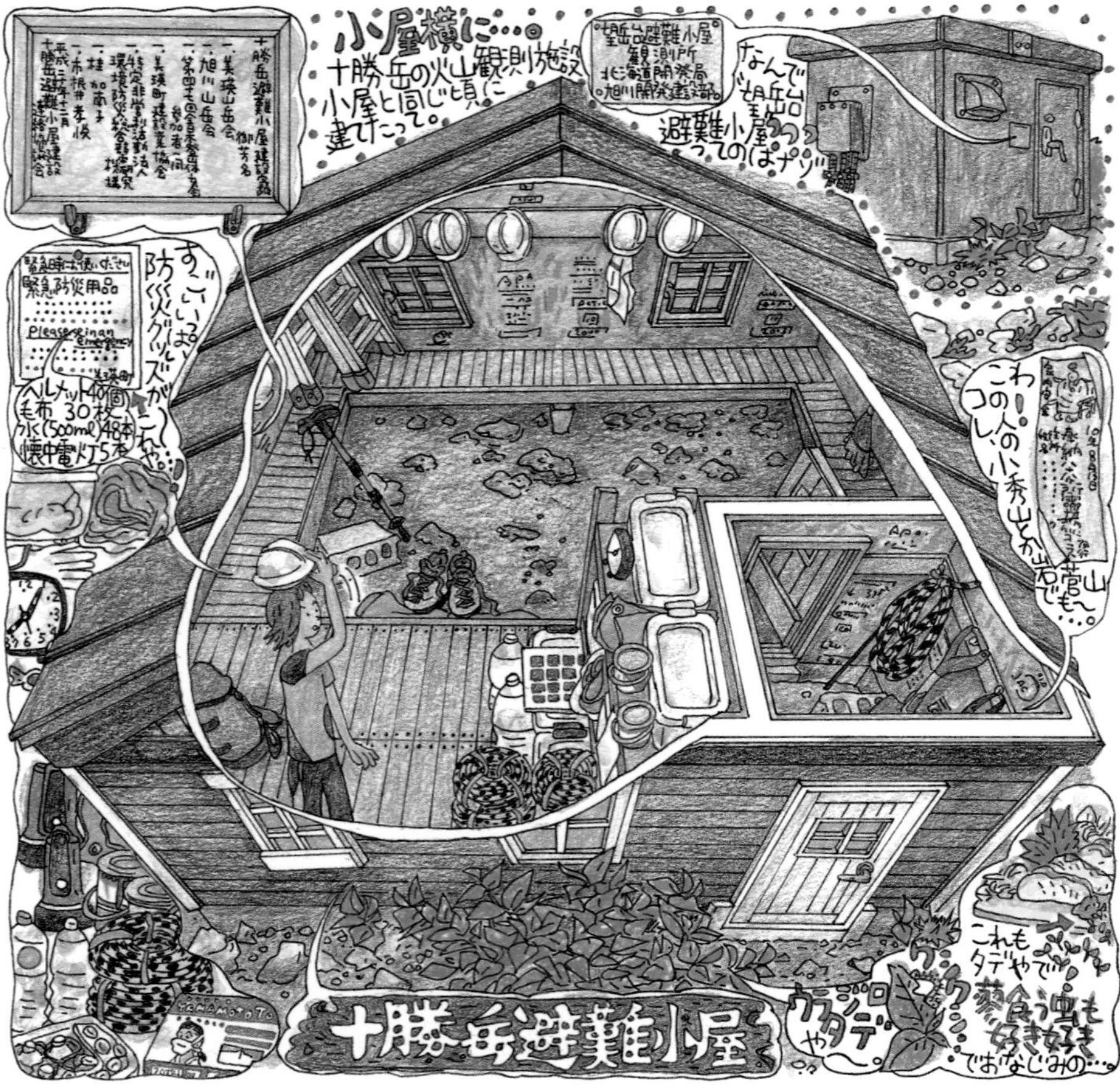

2021.7.15

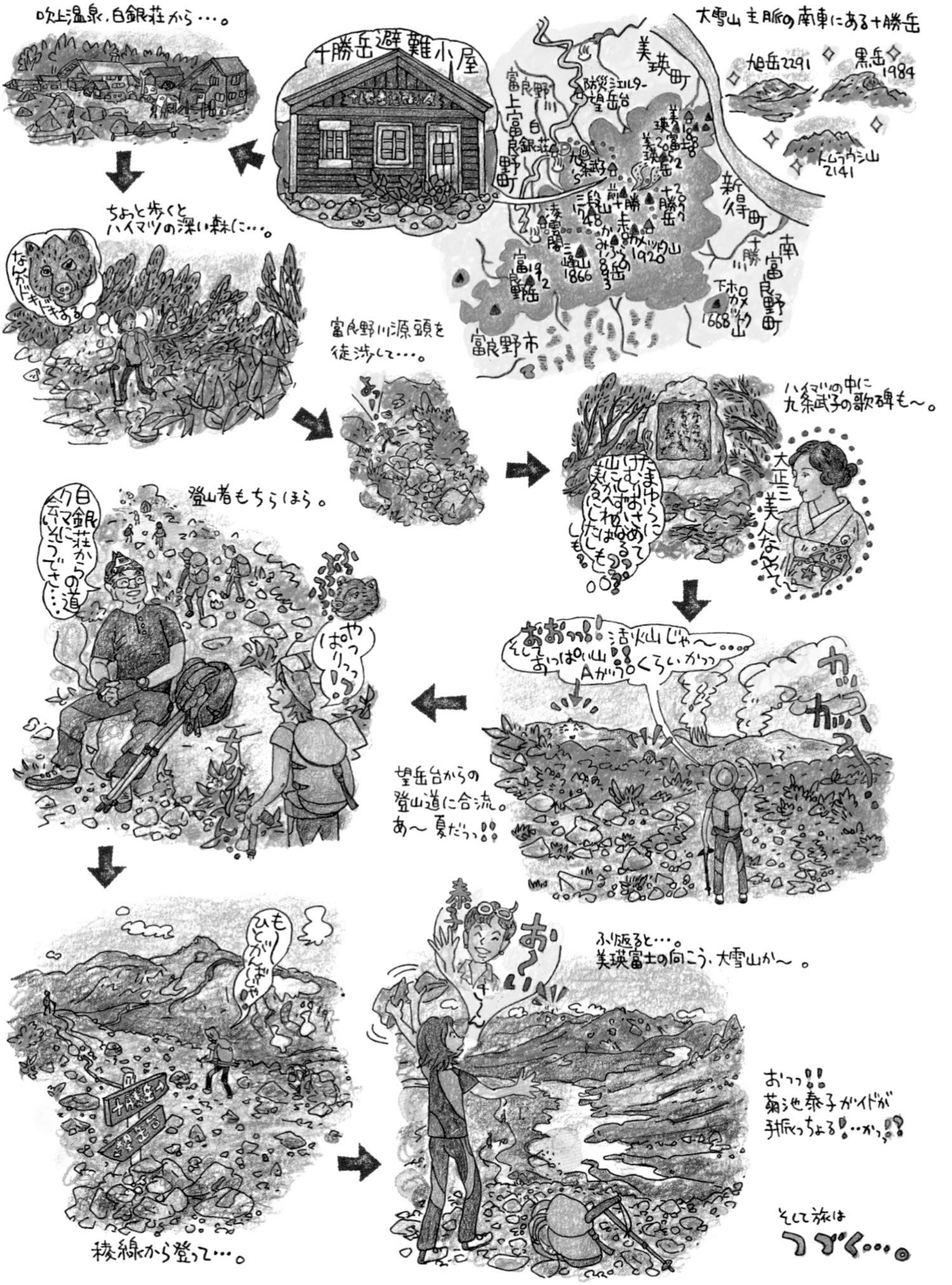
吹上温泉、白銀荘から・・・。
十勝岳避難小屋
大雪山主脈の南東にある十勝岳
美瑛町
富良野川
上富良野町
白銀荘
防災シェルター
望岳台
九条武子
美瑛富士 1888
美瑛岳 2052
前十勝
十勝岳 2077
三段山 1748
凌雲閣
かみふらの岳 1893
上ホロカメットク山 1920
三峰山 1866
富良野岳 1912
下ホロカメットク山 1668
富良野市
新得町
十勝川
南富良野町
旭岳 2291
黒岳 1984
トムラウシ山 2141
ちょっと歩くと
ハイマツの深い森に・・・。
なんだかドキドキする
富良野川源頭を
徒渉して・・・。
ハイマツの中に
九条武子の歌碑も～。
大正三美人なんやて
登山者もちらほら。
白銀荘からの道
クマに会いそうでさ・・・。
やっぱりっっ!?
おおっっ!! 活火山じゃ～・・・。
そしてあっぱい山!? くらいかっっ
Aガッ
望岳台からの
登山道に合流。
あ～ 夏だっっ!!
もうひとがんばりじゃ
十勝岳
望岳台
稜線から登って・・・。
泰子
おーい
ふり返ると・・・。
美瑛富士の向こう、大雪山か～。
おっっ!!
菊池泰子ガイドが
手振っちょる!?・・・かっっ!?
そして旅は
つづく・・・。

mountain cabin

no. 04

十勝岳避難小屋

最初は小樽赤岩でガイドのお仕事がありそうなので、ついでに十勝《とかち》岳に行こうかなと思ったのだ。そして帰りに北海道の岩場でクライミングして帰ろうかな……ふふふ、と。お仕事はなくなってしまったけど、行く気まんまんだったのでひとりで十勝岳に直行〜。2年前、菊池泰子ガイド、二木亜矢子カメラマンと大雪山を縦走した時から、次はここに登りたかった。

現在の小屋はなんと5代目。最初は北海道庁が１９２５年に石室を建てた。その後、31年ごろに2代目、58年5月に3代目が建てられた。いずれも今の場所とは違う場所にあり、3代目の小屋が62年の十勝岳噴火により倒壊した後、登山者が増えたことにより68年、4代目の小屋が建てられた。

その小屋は、２００６年6月の強風で半壊したため撤去されたが、建て直しをしてほしいとの声が多くあり、美瑛町と上川中部森林管理所が協議し、新築を決めた。その後、美瑛町を含めた関係機関により十勝岳避難小屋建設連絡協議会を立ち上げ、寄付金や募金も集まり、08年12月20日に現在の小屋が建てられた。小屋完成後、組織は美瑛町山岳事故防止協議会となり、小屋

DATA

所在地●大雪山国立公園内の十勝岳連峰の主峰、十勝岳（2077m）の山頂北西の開けた鞍部（1350m）。西側にある吹上温泉白銀荘から富良野川源頭を徒渉し、望岳台登山口との分岐を経て2時間ほど。小屋から十勝岳山頂までは3時間30分。最短コースは望岳台から

収容人数●15人

管理●通年無人、無料

水場●なし。吹上温泉で汲める

トイレ●なし

取材日●2021年7月15日

問合せ先●美瑛町総務課☎0166-92-4316

の維持管理は上川中部森林管理所が行なっている。周辺は木や大きな岩もない。登山者の休憩のためのほか、噴火に備える意味もあり、小屋内部に防災用品が常備されている。

吹上温泉白銀荘では、キャンプを楽しむ人でにぎやか。そこから少し歩くと、ハイマツの森になった。そういえば「ヒグマは鼻が細いから、ハイマツの中でも走れるんだよ」って菊池ガイドが言っていた。どきどき。

望岳台からの分岐を過ぎると登山者がちらほら。座っていたTさんと話した。「まぁ、クマに遭っても走って逃げなきゃ大丈夫だよ」。Tさんは、腰の手術をして久々の登山。「ゆっくり山頂往復して、明日旭岳行こうかな」

小屋で一休みしたあと、ゴロゴロとした登山道を登っていく。硫黄の匂いが漂っている。振り返ると麓には広大な大地と森が広がり、望岳台からの登山道を登山者が続々と登ってくる。

稜線の道標からの十勝岳は、それまでと姿を変えて見せた。標高が上がり、また振り返る。青く縁取られた美瑛富士の向こうは大雪山か。きれいや〜。そういえば、菊池ガイドは今日大雪山にいるってSNSで見たな。

やっぱり来てヨカッタ。でも新千歳空港からレンタカーで3時間ほど走って旭川に着いた時、ショックやったよ。

MEMORIES

登山口すぐ九条武子歌碑が。大正三美人だそう。なにそれ、コンテストかなんかあんの？　令和三美人とか平成三美人とか昭和三美人、大正すっとばして明治三美人、江戸三美人、安土桃山三美人、室町三美人……（もうええわ）。

mountain cabin

no.05 上ホロカメットク山避難小屋

2021.7.15

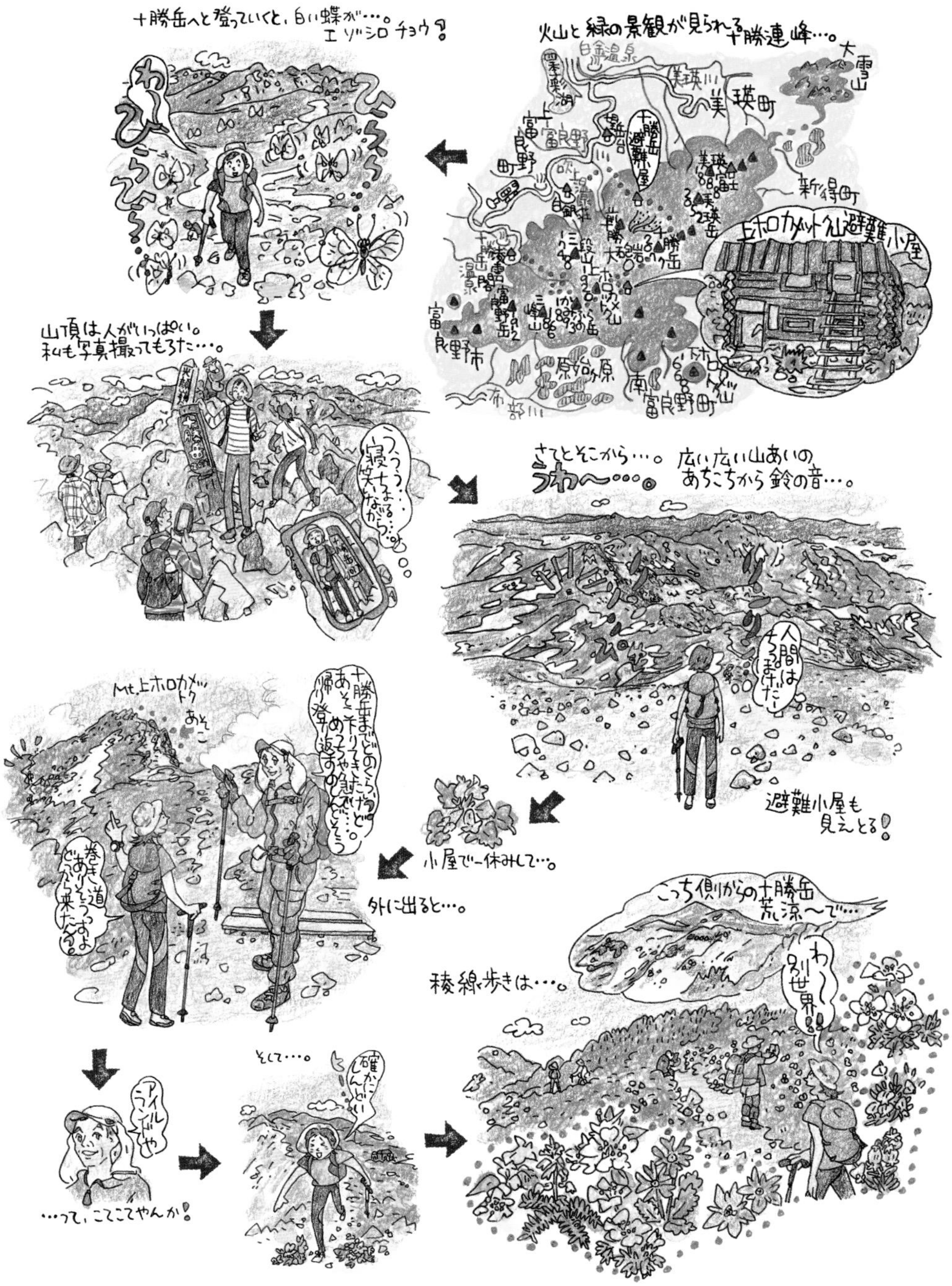
火山と緑の景観が見られる十勝連峰…。
白金温泉
美瑛川
美瑛町
大雪山
十勝岳避難小屋
新得町
上ホロカメットク山避難小屋
富良野市
原始ヶ原
南富良野町
十勝岳へと登っていくと、白い蝶が…。エゾシロチョウ？
わ〜ひらひら
山頂は人がいっぱい。私も写真撮ってもろた…。
うつらうつら…寝そうになるから…
さてとそこから…。
うわ〜…。
広い広い山あいのあちこちから鈴の音…。
人間はちっぽけだ〜
避難小屋も見えとる！
小屋で一休みして…。
外に出ると…。
Mt.上ホロカメットク
あそこ
十勝岳までどのくらい、あそこ下りてきたけど めっちゃ急で…。帰り登り返すのしんどそう
巻き道ありそうっすよ どっから来たん
アイルランドじゃ
…って、ここてこてやんか！
そして…。
確かにしんどい
稜線歩きは…。
こっち側からの十勝岳 荒涼〜で…
わ〜別世界

mountain cabin

no.
05

上ホロカメットク山避難小屋

このごろほんま寒いですね〜。と言いながら、夏に行った夢のような十勝《とかち》岳の思い出を……。前回は、吹上温泉から十勝岳避難小屋を経て稜線まで。今回はいよいよ十勝岳へと登り稜線歩きだ。十勝岳から峠に下りると、そばに上《かみ》ホロカメットク山避難小屋がある。

小屋が建てられたのは１９８０年9月29日。それ以前には小屋はなく、遭難事故が多発したため、麓の上富良野町ほかの有志が北海道庁に要望し、建てられた。小屋のある稜線鞍部は、冬はもちろん無雪期でも風が強く、なだらかな地形で道迷いも多かったようだ。小屋と周辺登山道の整備などは上富良野町から委託され、地元の上富良野十勝岳山岳会が行なっている。51年3月創立の同会の現在の会員は62人。事務局長の角《かく》波《なみ》光《こう》一《いち》さんにお話を聞いた。会として小屋に行くのは年に3回ほど。その他にも有志で何度か小屋に行き、小屋整備をしているそうだ。実は私は行く前に「小屋の入り口ドアがおもしろいよ」と聞いたことがあった。ドアにある自転車ペダル（鍵）は、奥さんの自転車から外し、ドアごと作って担ぎ上げたそうだ。

古い小屋なので再整備の話もあるが、ファンも多い。角波さんは再整備の

DATA

所在地●北海道の真ん中にある大雪山国立連峰内の十勝岳（2077m）と上ホロカメットク山（1920m）間の鞍部稜線西（1806m）。吹上温泉から十勝岳避難小屋、十勝岳を経て5時間。小屋から上ホロカメットク山、上富良野岳を歩き、十勝岳温泉凌雲閣までは2時間30分

収容人数●30人

管理●通年無人、無料

水場●小屋から100mほど下った雪渓。取材時は吹上温泉で汲んだ

トイレ●別棟にあり

取材日●2021年7月15日

問合せ先●上富良野町企画商工観光課☎0167-45-6983

話を受け、この夏、週末ごとに小屋に行き、来る人の人数を数えたそうだ。そのうちの一人に建て替えの話をすると、思い出があり、ポロポロ泣いてしまったとか。今後、みなさんの思い入れを残しつつ建て替えたいねと話した。十勝岳へと登っていくと白い蝶がひらひらと飛んでいた。山頂は人がいっぱい。反対側の富良野岳方面から、登山者が次々とやってきた。

上ホロカメットク山、富良野岳方向を見ると、広い広い山あいのあちこちで、登山者のたてる鈴の音が聞こえてくる。広いな〜。富良野岳に霞む遠くの山は……芦別《あしべつ》岳か〜。

山頂から、火山独特の砂礫の稜線を歩いた。進んでいくと、どんどん山の様子が変わっていく。砂礫はなくなり、緑が増え、登山道横に可憐な高山植物の花が現われた。小屋で一休みして、傾斜がきつい上ホロカメットク山に登り、さらに上富良野岳まで歩いた。振り返れば、火山火口のある十勝岳西側の斜面は、ゴロゴロと荒々しく、荒涼としているが、この稜線はまるで別世界のような美しさだ。

十勝岳温泉に下山し、凌雲《りょううん》閣のお風呂に。麓に住んでいる先代のご主人夫妻は、引退後も最終バスで上がってきて、ここで夜を過ごすそうだよ。

小屋は2022年11月にリニューアル。以前の小屋をオマージュしたもののようだ。新しくなった小屋に、今度は泊まりに行きたいな。

MEMORIES

上ホロカメットク山の急登途中、角谷道弘ガイドからお電話。西穂からだった！「そこ厳冬期に行ったで。国際山岳ガイドの検定で。自衛隊出身の人と組んで死にそうやったわ」って。登りながら話してて、私も死にそうやった。

mountain cabin

北海道
空沼岳

no.06 万計山荘

2021.7.16

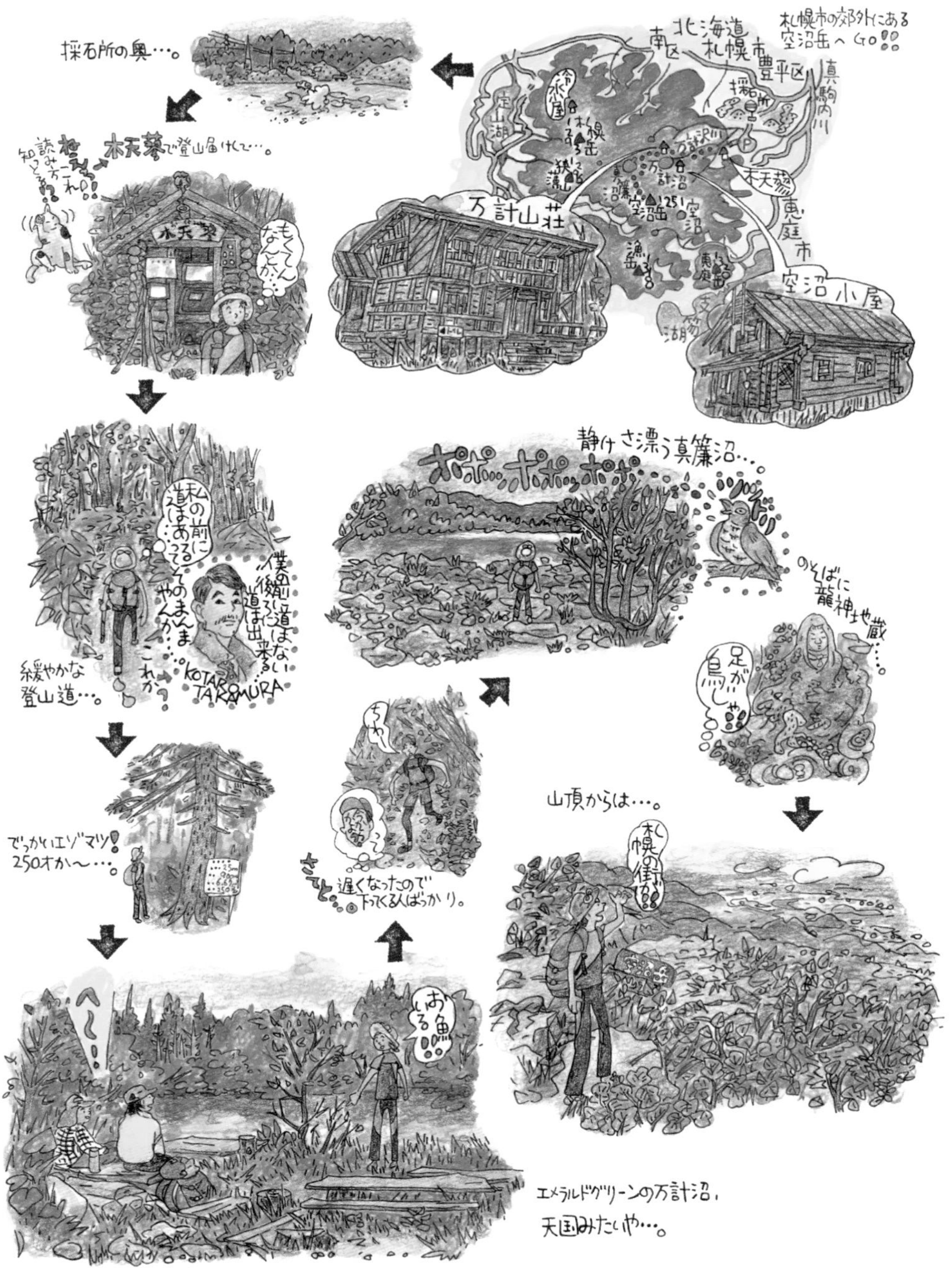
札幌市の郊外にある空沼岳へGO!!
北海道 札幌市 南区 豊平区
真駒内川
採石所
万計山荘
空沼小屋
木天蓼
恵庭市
支笏湖
採石所の奥…。
木天蓼で登山届けして…。
もくてんなんとか…
私の前に道はあるって…それのまんまやんか…これか?
僕の前に道はない 僕の後ろに道は出来る
KOTARO TAKAMURA
緩やかな登山道…。
でっかいエゾマツ!! 250才か〜…。
へ〜!
お魚いる!!
ちわ
さてと…
遅くなったので下ってくる人ばっかり。
静けさ漂う真簾沼…。
ポポッ、ポポッ、ポポ
のそばに龍神地蔵…。
山頂からは…。
札幌の街か!!
エメラルドグリーンの万計沼、
天国みたいや…。

mountain cabin

no. 06

万計山荘

札幌市街近くに、空沼《そらぬま》岳っていう美しい名前の山があり、その山頂へ向かう途中、青い空を映す万計《ばんけい》沼そばに万計山荘と空沼小屋という2軒の小屋が立っている。

昭和の初めに造林小屋があった場所に、札幌営林署によって1965年11月24日に建てられた万計山荘は、当初、作業用の宿泊施設だったが、登山者の増加により営業小屋と変わっていった。電気や売店もあり、最盛期の86年には年間1300人もの宿泊者がいたそうだ。その後宿泊者が減り、山荘の維持が困難になったが、存続を願う76人の有志が95年5月24日、「万計山荘友の会」を立ち上げた。現在の運営委員長、岡崎理一さんにお話を聞いた。

会では6月の山荘開きから10月の山荘仕舞いまで、毎週末に管理当番が山荘内の掃除や宿泊客の受け入れを行なっているほか、厳冬期の雪おろしなどの一斉作業がある。2001年には全体的に傾いた山荘を900万円かけて大規模改修し、06年には屋根の葺替工事をした。きれいに維持管理をされている山荘は、やはり費用がかかる。山荘内や、登山用品店にある募金箱の募金などで賄っているそうだ。

DATA

所在地●北海道札幌市の郊外にある空沼岳（1251m）の山頂北東部、万計沼畔（910m）。空沼登山口バス停から採石場内を進んだ登山口駐車場より万計沢川を徒渉し2時間30分。小屋から真簾沼を経て山頂までは2時間
収容人数●50人
管理●6〜10月の土・日曜は管理人常駐。期間外無人。協力金を募金箱に
水場●小屋内で万計沼の汲み上げ水が使用可。要煮沸
トイレ●小屋続き外にあり
取材日●2021年7月16日
問合せ先●万計山荘友の会長水洋☎011-571-7728

現在の会員は100人ほど。札幌市内だけでなく、北海道内、東京など市外の会員も。山荘に立ち寄ったことがきっかけで入会する人もいるそうだ。空沼登山口バス停は採石場の中。作業員の方が「登山口は奥だよ」と。奥に進んだほんまもん登山口から、沢を徒渉し、静かな登山道をゆっくり歩いた。暑いけど涼しげな沢音。雑木林を進むと針葉樹の森になり、風に揺れる木々がざわざわと大きな音を立てる。あぁこれ、エゾマツなんだなぁ。

少しずつ傾斜が出てきて、小さな滝を見ながらひと登りすれば目の前にエメラルドグリーンの万計沼が現われた。沼畔のベンチや小屋前のテラスで登山者がくつろいでいる。透き通った沼にじっと目を凝らすと、小さな魚が動いていた。どこから来たんだろう……。

山頂をめざして進むと、何人かの登山者とすれ違った。登り始めるのが遅かったので、下ってくる人ばかりだ。静まりかえった真簾《ますみ》沼は、ツツドリの声がやけに大きく聞こえた。

山頂からは札幌の街がよく見えた。この山には、今私ひとりかな。こんどは小屋に泊まりに来たい。

夕暮れのなか、男性が一人登ってきた。小屋に泊まるのだとか。お名前を聞くと「有島です。しかも……」。

MEMORIES

大都会札幌のすぐ近くに、こんなに素敵な山があるなんて知らんかった。名前もえええやんか～。小屋前には静かに波打つ万計沼……。水底でお魚がちょろちょろ泳いでた。あんな山の上でしかも沼で、お魚ってどこから来るの？

mountain cabin

no.07 岩手山八合目避難小屋

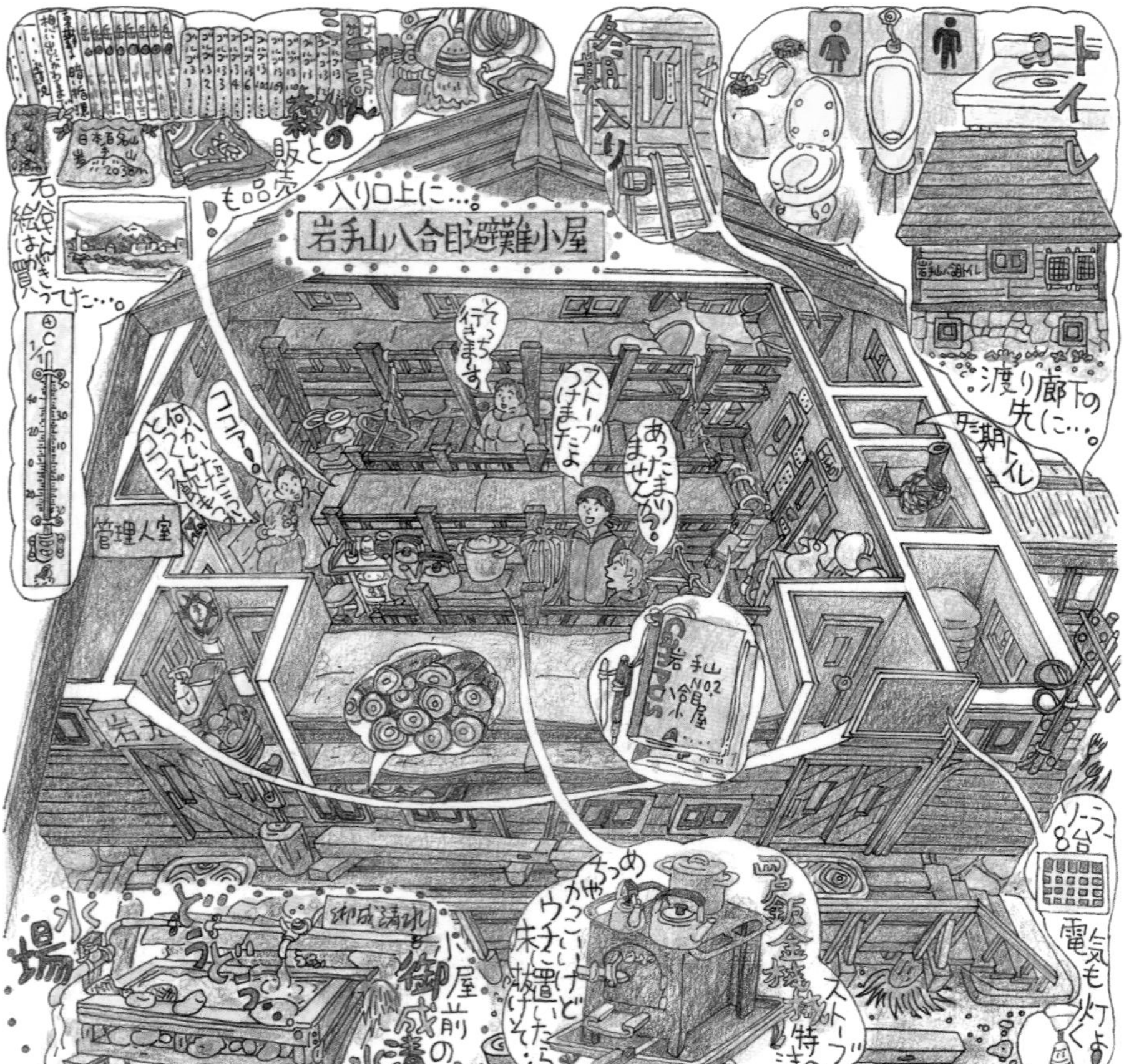

前乗りしてたお父さんの運転で…。
わのnote
岩手山から八幡平まで〜！
鹿角市
八幡平 1613
岩手県
八幡平市
安比岳
茶臼岳
畚岳
秋田県 仙北市
大深沢
諸桧岳
藤七温泉
滝沢市
玉川
八瀬森
嶮岨森
松川
曲崎山
関東森
大深岳
小畚山
1541
2038 薬師岳
岩手山神社
馬返し
三ッ石山 1466
大松倉山
姥倉山
黒倉山
御釜湖
鬼ケ城
大倉山
岩手山
雫石町
岩手山八合目避難小屋
よろしくね〜
でしょっ？
師子さん
お願いします！
とっくん 徳てくん
いえいえ…
石谷信一さん
お父さん岩手山だけピストンだって。
車ありがとうございますっ
3人揃うとすっごく嬉しそう！
石谷さん一家と馬返し登山口へ！
そして…。
お父さん速い!!
山は秋色で〜…。
登っていくと…。
雲!! オーストラリアのモーニンググローリーみたい!!
何ですって？
説明しよう!! 巨大なロール状の雲の帯や。オーストラリア北部でよく見られるらしいよ！
おっぱい山!
あっ、かったー？
石谷さんおつかれ〜
岩手山のお鉢めぐりして…。
ところで、お父さん今どこに…？
ピー ライアー
そうね じゃあ
小屋もうすぐの所まで？
……
しばしの別れのコトバを…
小屋には…。
管理人の前田義則さんとカメラマン中山大太郎さん
お疲れ様！ おいもよかったら、ストーブで焼いた…
もう何回も来てますよ
岩手山カレンダーの人！

mountain cabin

no.07

岩手山八合目避難小屋

石谷師子《のりこ》さん・とっくんこと徳一くん母子と、岩手《いわて》山から裏岩手連峰を経て八幡平《はちまんたい》まで歩く旅を計画。師子さんは、昔松川《まつかわ》温泉から岩手山だけ登ったことがあるとか。今回はいちばんメジャーな馬返し登山口から登ることにした。山頂直下に、大きな八合目避難小屋がある。県の元自然保護課職員、阿部《あべ》丕顕《ひろあき》さんにお話を聞いた。

1936年4月16日、現在の場所に盛岡地方気象台の岩手山測候所が開業。最高時は14人の職員がいたが、観測機器の近代化などにより50年には無人化、73年4月に閉鎖された。同年10月、その跡地に岩手県が現在の小屋を建設。2001年に改修を行ない、03年に別棟のトイレを建てた。小屋と周辺登山道の管理整備は、麓の旧滝沢村（現滝沢市）の一本木《いっぽんぎ》山岳会などを経て、現在は岩手県山岳・スポーツクライミング協会が行ない、6～10月には、20人ほどの会員が交代で小屋に常駐し、飲み物や物品の販売もしている。

早朝、お父さん、石谷信一さんの運転で馬返し登山口へ。信一さんは前日姫神山《ひめかみ》に登り、この日われわれとは別パーティで岩手山を往復して帰るとか。登山届を出し、歩き始める。日帰り装備の信一さんはあっという間に見え

DATA

所在地●岩手山剣ヶ峰（2038m）山頂直下の平坦地（1767m）。北東の馬返し登山口から柳沢コースを歩き4時間。小屋から山頂お鉢巡りをすると2時間

収容人数●100人

管理●6月下旬～10月中旬管理人常駐。協力金を支払う

水場●小屋前の御成清水

トイレ●渡り廊下先の別棟にあり

取材日●2021年10月7～11日

問合せ先●山口吉男（緊急時のみ。岩手県山岳・スポーツクライミング協会登山普及部）☎090-1933-2445

なくなった。登山道脇の木々が色づき、高度が上がると、赤や黄色が濃くなっていった。火山らしくゴロゴロとした登山道。「富士山の砂走りに似てるけど、岩が固くて歩きやすいね」

避難小屋前の広場にはびっくりするほどたくさんの人が。この日は学校登山があったらしく、そのうち先生らしき人の号令で、半分ほどが下山し、静かになった。

私たちも昼メシを食べたあと、岩手山のお鉢巡りに向かった。10分ほど歩くと不動《ふどう》平《たい》避難小屋があり、分岐を進んで登っていく。

頂上稜線に出ると、まずは岩手山神社奥の院で明日からの登山の安全祈願をした。びゅうびゅうと鳴る風の中を歩く。岩手山を取り囲むジオラマのような下界の風景が、少しずつ変わりながら見えていた。

小屋に戻ると、管理人の前田さんがストーブを焚いてくれ、ストーブの上で焼いたおいもをごちそうになった。訪れていたカメラマンの中山さんは、もう何百回もこの山に来ているのだとか。季節によって変わるこの山、何度来ても驚くことがあると話した。

石谷さんが明日からに備え、売っていたスティックココアを多めに買っている。甘いものって疲れた体にいいよ、と翌日私にも入れてくれたなぁ。甘過ぎてびっくりした！

MEMORIES

先に登ってったお父さんと、岩手山の御鉢めぐりで会えるかなと話したけど、会えなかった。途中で食べたミカン。石谷さん、昔から健康のために外の皮ごとまるかじりするの。でも「皮あげますよ」って言ったら、いらないって。

mountain cabin

東北
岩手山

no.08 不動平避難小屋

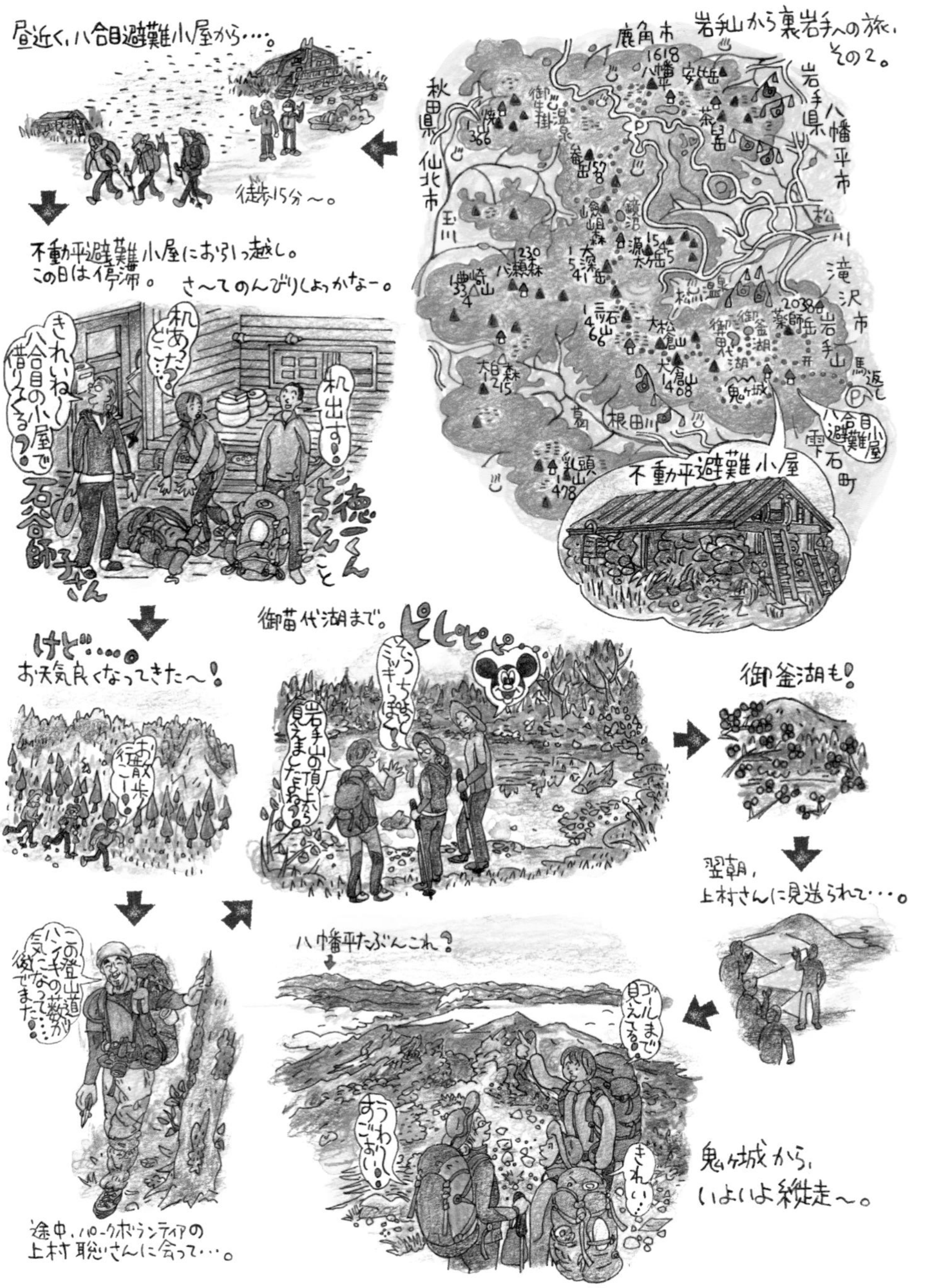

昼近く、八合目避難小屋から・・・。
徒歩15分〜。
岩手山から裏岩手への旅、その2。
鹿角市
秋田県
仙北市
岩手県
八幡平市
滝沢市
雫石町
玉川
松川
1618 八幡平
安比岳
茶臼岳
焼山 1366
御生掛温泉
畚岳 1578
諸桧岳
嶮岨森
大深岳 1541
源太ケ岳 1545
曲崎山 1334
八瀬森 1230
松川温泉
三ツ石山 1466
大松倉山
犬倉山 1408
大白森 1215
御苗代湖
御釜湖
薬師岳 2038
岩手山
鬼ヶ城
馬返し
八合目避難小屋
葛根田川
乳頭山 1478
不動平避難小屋
不動平避難小屋にお引っ越し。
この日は停滞。
さ〜てのんびりしようかなー。
きれいねー 八合目の小屋で借りてくる?
机あったっけ? どこ…?
机出す!
石谷師子さん
徳一くん とっくんと
けど・・・・。
お天気良くなってきた〜!
お散歩行こー!
御苗代湖まで。
ピピピピ
そうちょうど ミッキーぽく!
岩手山の頂上から 見えましたよね?
御釜湖も!
この登山道 ハイマキの藪が 気になって 剪定でました・・・。
途中、パークボランティアの
上村聡さんに会って・・・。
八幡平たぶんこれ?
ゴールまで見えてる。
すうわりごおい!
きれい…
翌朝、
上村さんに見送られて・・・。
鬼ヶ城から、
いよいよ縦走〜。

mountain cabin

no. 08

不動平避難小屋

石谷師子さん・とっくんこと徳一くん母子との、岩手山から裏岩手連峰の旅、その2。二日目の朝、八合目避難小屋で目覚めると、天気予報どおりこの日は雨。計画どおり停滞を決め、のんびりと朝ごはんを食べたあと、せっかくだから、お隣の不動平《ふどうたい》避難小屋へとお引っ越しをした。なんと徒歩15分という近さだ。

現在の場所付近に、避難小屋の前身の石室があった。岩手山唯一の宿泊施設で、食事の提供もあり、名物はあざみ汁。1920（大正9）年発行の『巖手山記《いわてさんき》』に写真がある。

その後、56年、十和田八幡平国立公園へと編入されたのを機に、58年に岩手県が初代の石積みの小屋を建設。64年には別棟のトイレを建てた。

雪のため屋根が崩れ、一時利用不能になったが、83年、石積みに屋根をかけて2代目の小屋へと改築。2005年に再度改築され、現在の3代目となった。外観の石積みは初代からのものだが、空石積みをモルタルで塞ぎ、屋根や壁に断熱材を施し、出入り口を金属製のものにしたおかげで、ぐんと快適になった。また、別棟のトイレを撤去し、内部に設置した。

DATA

所在地●岩手山、薬師岳（2038m）山頂直下、九合目の不動平（1820m）。北東の馬返し登山口から、柳沢コースを歩き八合目避難小屋を経て4時間30分。小屋から山頂のお鉢巡りは2時間

収容人数●15人

管理●通年無人、無料（緊急時以外使用不可）

水場●岩手山八合目避難小屋前の御成清水（徒歩15分）

トイレ●小屋内にあり

取材日●2021年10月7〜11日

問合せ先●岩手県環境生活部自然保護課自然公園担当 ☎019-629-5372

現在、小屋と周辺登山道の整備・管理は、県や環境省の委託を受け、岩手県山岳・スポーツクライミング協会と、岩手山地区パークボランティアが行なっている。

さてと、小屋に到着して昼ごはんを食べ、……のんびりしよっかなー、何しよう?と思っていると、天気がよくなってきたではないか。だったらお散歩しよう! 御苗代《おなわしろ》湖まで行くことにした。

下っていくと、アオモリトドマツの梢の向こうに明日歩く鬼《おに》ヶ城《じょう》の稜線が見えている。森の中で枝払いをしている男性に会った。パークボランティアの上村聡《うえむらさとし》さんだ。今晩は不動平の小屋に泊まり、なんと明日は仲間が登ってきて小屋閉めをするのだそうだ。またあとで、と挨拶をして別れた。

下りきったところに湿原が広がり、木道を進んで、御釜《おかま》湖、次に御苗代湖に到着した。雨上がりのしっとりとした森に取り囲まれた湖は、木々の緑と紅葉した赤、黄色、そして青い空を映している。陽の光がうれしいのか、鳥たちの声が聞こえてきた。

登山道を戻り、小屋へ。下っているときよりも「明らかに歩きやすいね」と石谷さんと話した。小さなヤブを上村さんが丁寧に払ってくれたおかげだ。

翌朝暗いうちに出発。この日の行程は10時間以上。楽しむぞー。

MEMORIES

翌早朝出発し、約12時間歩いて大深山荘まで。石谷さんこの時77歳か〜。スーパー母ちゃんや! でも「昔に比べ体力落ちたわ」って。「それでね、最近は徳一が一緒に登って荷物持ってくれるから楽できるの」って言ってたなぁ。

進んでいくと、
ミッキー
から
うさちゃん
に……。
御苗代湖

mountain cabin

東北
裏岩手連峰

no.09 大深山荘

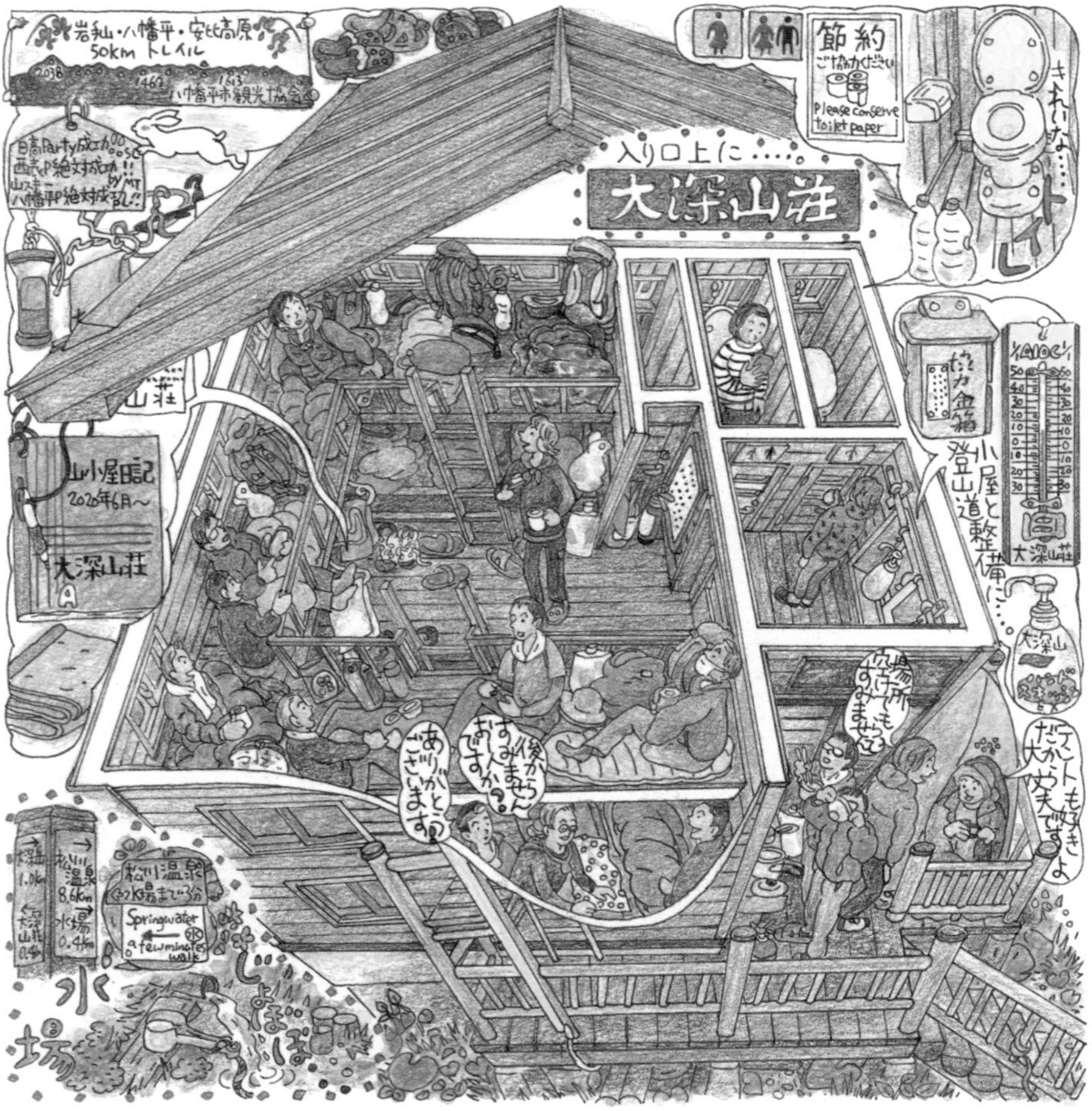

2021.10.9

岩手山から八幡平までの旅、その3〜。
秋田県鹿角市
岩手県八幡平市
滝沢市
仙北市
雫石町
玉川
松川
葛根田川
後生掛温泉
焼山 1366
1613 八幡平
安比岳 1493
曲崎山 1334
八瀬森
三ツ石山荘
鬼ヶ城
岩手山 2038
乳頭山 1478
大深山荘
鬼ヶ城の岩々歩きのあと…。
あちー！
噴煙あがる黒倉山…。
いや〜めちゃ天気良くて…。
たら〜んとした登山道。おしゃべりしてたら…。
ありゃりゃ姥倉山…!?
ちょこん
姥倉山1517m
TUBAKURAYAMA
はっ
なので、ちょっと戻って…。
三ツ石山を過ぎ…。
小畚山へ…。
そうなんよね…。
こんにちは〜これからどちらへ？
全部見えてる〜
歩いたところ全部見えるよ
暗くなりかけた頃、大深山荘に〜。
やれやれ…
翌日、畚岳下で姥倉山分岐で会った男性が…。
いっかい家帰って今日松川♨から…？
あれ
ゴールは後生掛♨よ！

mountain cabin

no. 09

大深山荘

石谷師子さん・とっくんこと徳一くん母子との、岩手山から八幡平までの旅、その3。裏岩手連峰といわれるその稜線のほぼ真ん中、大深《おおぶか》岳そばに、避難小屋がある。

現在の小屋は3代目。1959年10月、岩手県が初代の小屋を建設。56年に周辺が十和田八幡平国立公園に編入されたのをきっかけに整備されたのだろう。81年に改築、2003年10月、現在の小屋に建て替え、トイレに自然浄化処理システムを設置した。小屋と周辺登山道の管理と整備は、県から八幡平市に委託され、市は地元の「八幡平市ボランティアガイドの会」に再委託をしている。03年発足の会は学校登山の引率などを行ない、小屋の管理は代表の田中耕一さん・節子さん夫妻が主に行なっているそうだ。6～11月は月に2度小屋を訪れ、掃除や登山道整備をする。

大変ですよね?と尋ねると、「最近はSNSにアップする人が多く、きれいな小屋だというのが上がると、よけいきれいにしなきゃというのが大変かな」と笑う。また小屋周辺は花が美しく、「6月の雪解けから秋のリンドウまで、小屋に行くたびに花が変わっていくのが楽しみですよ」と話した。

DATA

所在地●岩手山～八幡平に渡る裏岩手連峰途中、大深岳（1541m）北北東の稜線上鞍部（1420m）。岩手山馬返登山口から岩手山、三ツ石山、大深岳を経て、2泊3日。大深山荘から八幡平山頂（1613m）までは5時間ほど

収容人数●15人

管理●通年無人、無料。任意で協力金を支払う

水場●松川温泉方面の沢水（徒歩5分）

トイレ●小屋内にあり

取材日●2021年10月7～11日

問合せ先●八幡平市商工観光課☎0195-74-2111

不動平避難小屋を出発し、鬼ヶ城の岩稜歩きを過ぎてひと登り。噴煙あがる黒倉《くろくら》山の山頂はめちゃくちゃ暑い！　遠〜くに八幡平のなだらかな山頂、その手前に三《み》ツ石《いし》山山頂の特徴的なピョコン岩が見える。この日の行程の真ん中くらい？　遠いな〜。その先、ゆるやかな稜線をおしゃべりしながら歩いていると、来るはずのない姥倉《うばくら》山に到着。ははは……まぁ、山頂にいた男性が「やっとこの山に来れた」と言っていたし、なかなか来れない山に来れたってことで……。気を取り直して分岐に戻る。犬倉《いぬくら》山周辺は網張温泉からロープウェイで登ってくる人でにぎわい、分岐を過ぎると再び静かになった。三ツ石山荘は、昼食をとる人がいっぱいで、私たちもそこで昼メシにした。三ツ石山の山頂を過ぎ、広い広いたらり〜んとした稜線を歩いた。振り返ると岩手山と石谷さんとどっくん。「あ〜いい風ねぇ」と石谷さん。

この日の行程は長く、大深山荘到着が遅くなってしまった。にもかかわらず、すでに寝る支度を整えかけていた方々に、気持ちよく場所を空けていただいた。私の隣には仙台山想会のメンバーさんたち。ありがとうございました！

翌朝小屋を出発し、畚岳、八幡平を経由して後生掛温泉へ。昼ごろまで降っていた雨はやんで、最後まで紅葉を楽しみながら歩いた。

MEMORIES

この日、山荘に到着したらぎゅうぎゅう詰め。みなさんが少しずつ詰めてくださり、中には「おれ、テント持ってるから」と場所を空けていただいた方も。本当にありがとうございます。仙台山想会の方々、また会えるかな〜。

mountain cabin

no.10 八瀬森山荘

東北
裏岩手連峰

2022.8.6

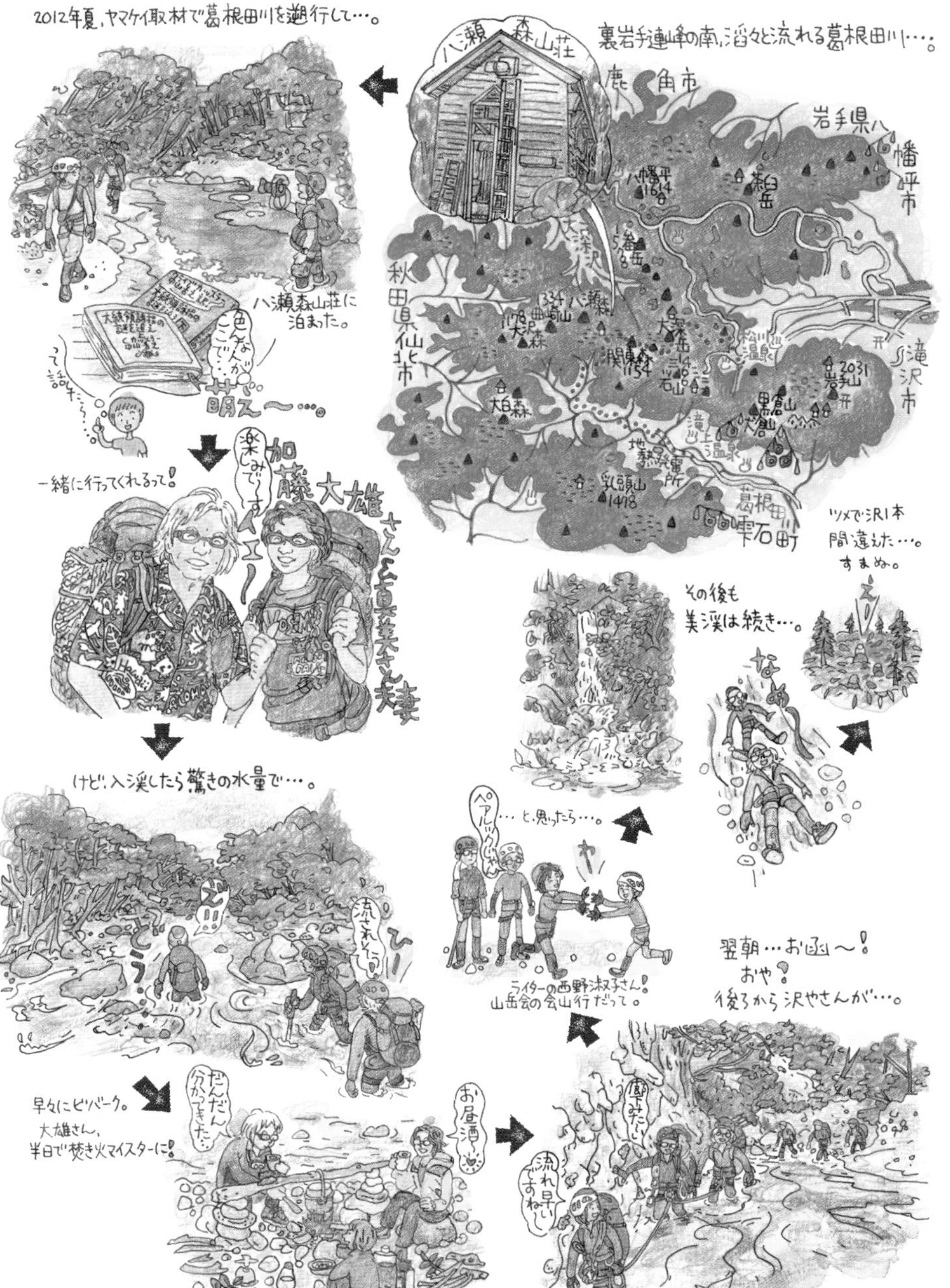
2012年夏、ヤマケイ取材で葛根田川を遡行して…。
八瀬森山荘
裏岩手連峰の南、滔々と流れる葛根田川…。
鹿角市
岩手県八幡平市
八幡平 1614
茶臼岳
大深沢
秋田県仙北市
大深岳
関東森 1154
大白森
乳頭山 1478
滝沢市
岩手山 2031
黒倉山
地熱発電所
滝ノ上温泉
葛根田
雫石町
八瀬森山荘に泊まった。
色んな人がここで…
って話したら…
萌え〜…。
一緒に行ってくれるって！
楽しみで〜す
イエ〜イ！
加藤大雄さん＆直美さん夫妻
けど、入渓したら驚きの水量で…。
え!!
どう
流されそう
ひ〜！
早々にビバーク。
大雄さん、半日で焚き火マイスターに！
だんだん分かってきた…
お昼酒〜♡
翌朝…お発〜！
おや？
後ろから沢やさんが…。
流れ早いですね〜
ライターの西野淑子さん！
山岳会の会山行だって。
ペアルックじゃん
…と、思ったら…。
や
その後も
美渓は続き…。
ツメで沢1本
間違えた…。
すまぬ。
え

八瀬森山荘

2012年夏、葛根田《かっこんだ》川を遡行して八瀬森《やせもり》山荘に宿泊。実は避難小屋を巡るきっかけになったのが、この小屋。小屋内部に先人たちが過ごした気配のようなものが残されていて、それが気になったのだ。そして22年夏、加藤大雄《ひろお》さん、真美さん夫妻と久しぶりに訪れた。おふたりとは、ちょっとマイナーなルートなどにちょこちょこご一緒している。

裏岩手連峰主脈の大深《おおぶか》山から乳頭《にゅうとう》山まで馬蹄形状に延びる尾根途中、八瀬森西の大場谷地《おおばやち》湿原脇に小屋がある。1956年10月31日、秋田県自然保護課が、この長い縦走路中の登山者の安全を考え建設、竣工した。現在築30年以上が経過しているが、これまで大規模な改修、改築はしておらず、2017年に自然保護課の職員、環境省職員、自然公園管理員などで外壁の塗装を行なったのみ。現在、周辺登山道と小屋の管理は、県が委託した自然公園管理員が行なっているほか、「八幡平を美しくする会」なども携わっている。

ただ、このあたりは県境や市町村境が複雑。23年に再びこの周辺を歩いた際、刈払い最中の友人、鈴木央司《たかし》さん（ジョニー大倉似）にばったり再会。鈴木さんは岩手県自然公園保護管理員だが、個人的なつながりで秋田県側の整

DATA

所在地●裏岩手連峰南部、八瀬森（1220m）南東の大場谷地湿原脇の樹林（1130m）。秋田県雫石町の滝ノ上温泉上、地熱発電所から葛根田川を遡行して1泊2日。大深岳を経て松川温泉まで6時間（ヤブの状態により変わる）
収容人数●15人
管理●通年無人、無料
水場●小屋すぐ。湿原脇の流水
トイレ●2階テラスにあり
取材日●2022年8月5〜7日
問合せ先●秋田県仙北市田沢湖観光情報センター「フォレイク」☎0187-43-2111

備、管理にも携わっていると話した。

さていよいよ葛根田川。ゆるやかに流れる豊かな水……と思いきや、この日は驚きの水量。流れも、は、は、速い。徒渉を繰り返し、小さな河原で一休み。そのまま早々にビバークを決めた。明朝水量が落ち着くのを待とうって作戦だ。昼くらいかな〜。とはいえ焚き火をしながらお昼酒、これもまたふふふ〜……だ。大雄さんの焚き火姿がだんだん本気モードになっていった。

翌朝出発すると、少し先で、先行パーティのビバークテント。「水量多いしここでもう1泊して下山します」と話していた。

川の水は相変わらず多めだが、前日のような恐ろしさはない。白い岩肌の上を、ため息がでるほど透き通ったエメラルドグリーンの水が流れていく。やがて有名な「お函《はこ》」。真美さんが「わ〜廊下みた〜い！」。ほんまに、床上浸水した廊下みた〜い！　後方から沢ヤさんが近づいてきた。なんと友人のライター、西野淑子さんとそのお仲間。山岳会山行で来たそうだ。

2段15mの葛根田大滝は左岸から巻き、その先もさまざまに変化する渓相。最後まで飽きることがない。そしてツメでちょこっとヤブこぎかなぁって思っていたら、最後の沢1本間違えて大ヤブこぎ大会になってしまった。

3人でボロボロ雑巾のようになって小屋に到着。真美さんが「あれ？　あんなにあったお酒、ほとんど空っぽですよ」。えぇぇ！　なんで？

MEMORIES

初日、「今日はハーネスいらないかも」なんて話していたのに、入渓した途端、あまりの水量にびっくり。久しぶりにスクラム組んで徒渉した。しかも私は足がつかない所も。3日目は大深沢も行くつもりだったが、翌年におかわり。

mountain cabin

東北
南会津

no.11 田代山避難小屋

晩秋 やってきた。
早朝、ほぼ同時に
登山口に着いた女性が…。
てきぱき
寒いなし
高層湿原と池塘のある
田代山に…。
ワタスゲ
ニッコウキスゲ
オサバグサ
高山植物の宝庫…。
福島県
南会津町
西根川
檜枝岐村
1769
田代山 1971
小田代 1908
帝釈山 2060
田代山湿原
猿倉登山口
田代山避難小屋
登り始めると
色んな音が…。
ヒガラ
ルリビタキ
ヤマガラ
からから？
からからから
広い広い田代山湿原へ！
花はないけど…。
これもなかなか…。
さわさわさわ
ま正面
会津駒ヶ岳か〜。
帝釈山に向かうと
下山してくる女性、井上里美さんが…。
駐車場にいた人よ！
あら〜
早いですね
帝釈山の山頂は…。
山また山じゃん！
女峰山
高原山
下山中、
新しい薮刈り跡…。
近くに誰かいる⁉
オレがつくったんですよ
も1人若いのと一緒に…。
平野睦夫さん
もう少し下ると…。
もしやこの階段とかも？
管家喜雄さん
97歳!!
民宿いせやのご隠居にも
お話聞けたよ。

mountain cabin

no. 11

田代山避難小屋

山頂に高層湿原のある田代《たしろ》山には、以前から行ってみたかった。ちょうど近くを通ることになったので寄ることにした。

1912（明治45）年7月30日に高野《こうや》山の2人の高僧が地元の神主、大山善八郎時澄を伴って田代山に登り、祠を建て、弘法大師像を山頂に祀った。36年、地元の人々により大師堂が建設され、56年に建て替えられた。86年、現在の3代目の小屋に建て替える際、旧舘岩村（2006年に南会津町に合併）からの補助金を得るため「避難小屋」と名づけた。

07年にこのあたりが尾瀬《おぜ》国立公園に編入。登山者の増加を見越してトイレを新設し、13年より使用している。

現在、小屋や登山道の維持管理は南会津町が行ない、大師像の管理は大山善八郎時澄の子孫である、「民宿ふじや」で行なっている。大師像は、麓の共同浴場「弘法の湯」にも一体収められ、地元の人々に篤く信仰されていたが、03年に盗難に遭い、像を運んできたカゴだけが残されている。

早朝、猿倉登山口に到着。ほぼ同時に到着した女性は、てきぱきと準備を終えて出発していった。

DATA

所在地●尾瀬国立公園の一角、栃木県と福島県の県境にまたがる帝釈山脈の東、田代山（1971m）の山頂に広がる田代山湿原南端にある。西側の猿倉登山口から小田代を経て2時間30分。小屋から西の帝釈山（2060m）までは1時間30分ほど

収容人数●10人

管理●6～10月開放、冬季閉鎖、無料

水場●なし。登山口で汲むとよい

トイレ●別棟にあり。協力金を払う

山行日●2018年10月29日

問合せ先●南会津町舘岩総合支所振興課企画観光係☎0241-78-3330

登山道は木の階段で歩きやすい。悲鳴のようなシカの声に顔をあげる。静かな登山道で耳を澄ますと、あちこちから小さな音が聞こえてきた。

急な傾斜を登り、小さな湿原、小田代に着いた。木道を歩き、こんもりとした森を登れば、田代山頂上の広大な湿原が広がった。足元の茶色く枯れた植物を、さわさわさわ〜と風が揺らしていく。荒涼とした湿原の向こうに会《あい》津《づ》駒《こま》ヶ岳が見えていた。

小屋で一休みした後、帝釈《たいしゃく》山に向かった。しっとりとした森から尾根に出ようというころ、駐車場で会った女性、井上里美さんが下山してきた。2日前に那須《なす》の甲子《かし》山、昨日はこの近くの七《ななつ》ヶ岳に登ってきたそうだ。「紅葉終わっちゃったけど、この時期、森が明るくていいよね」と笑った。

帝釈山山頂からは、わずか4時間ほどで登ってきたとは思えないくらい、山また山が広がっていた。

小屋に戻り下山していると、行きにはなかったヤブ刈り跡があり、さらに下ると作業をする平野睦夫さんに会った。南会津町から委託され、シーズン中に登山道や小屋の整備をしているそうだ。話を聞きながら一緒に下山をし、「麓の民宿いせやのご隠居が、詳しいかも」と連れていってくれた。

いせやさん、急に行ったのに……。

見知らぬ私に…。
ありがとうございました。

MEMORIES

プリンみたいな形をした田代山。山頂の高層湿原は高山植物の宝庫。そんな山に寒くなる頃に行った。当然花はなかったけど、途中で会った井上さんと「静かで明るくていいね」って話した。花の頃にもまた行きたいね。

関東
那須連峰

mountain cabin

no.12 坊主沼避難小屋

2020.8.12

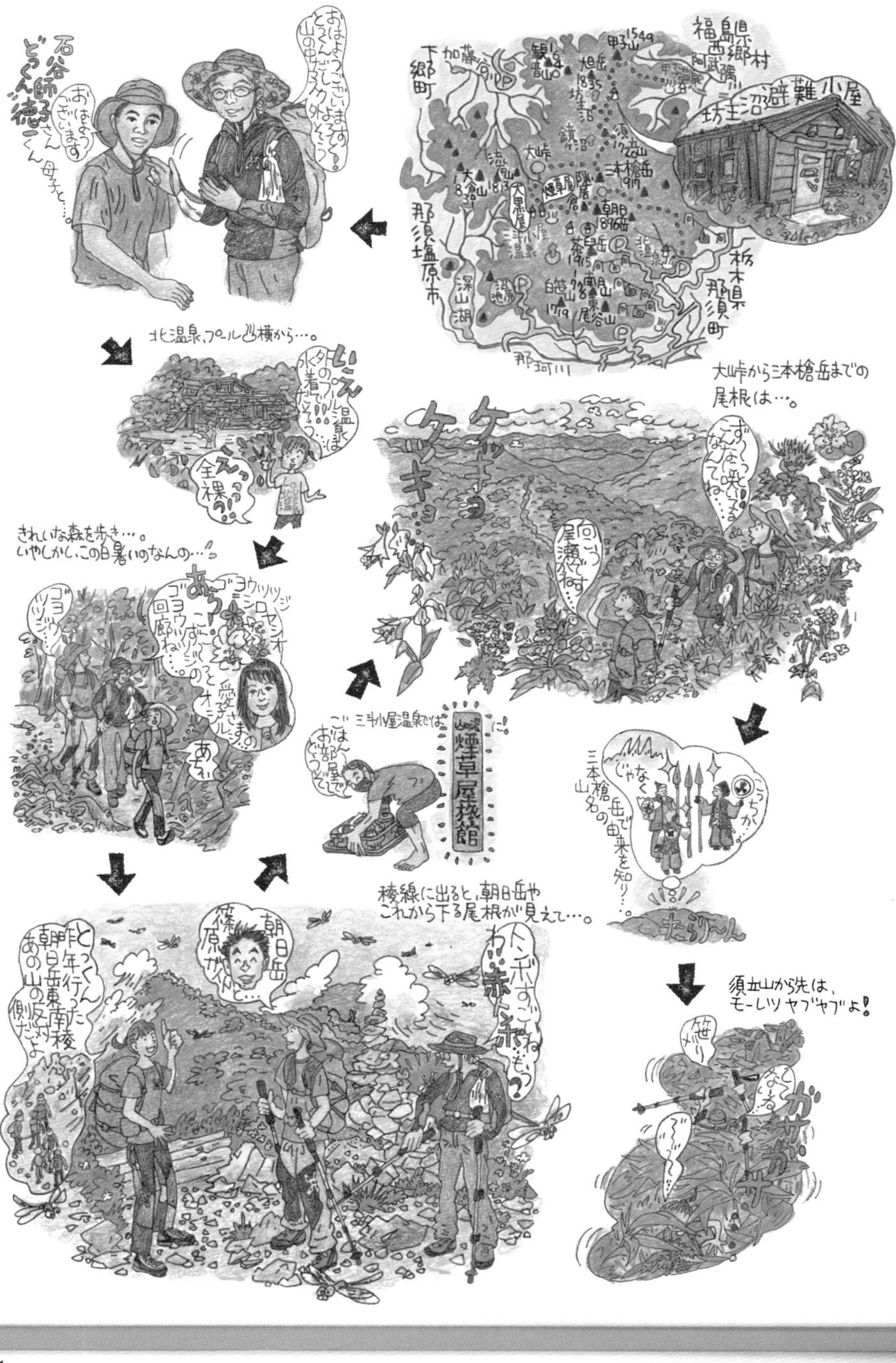
福島県西郷村
坊主沼避難小屋
栃木県那須町
那須塩原市
下郷町
那珂川
阿武隈川
甲子山
1549
観音山
旭岳
1835
坊主沼
鏡ヶ沼
須立山
1720
三本槍岳
1917
大峠
流石山
1813
大倉山
隠居倉
朝日岳
1896
煙草屋
三斗小屋温泉
茶臼岳
1915
南月山
白笹山
1719
東尾谷山
深山湖
沼ッ原
石谷師徳子さんどうくん母子と…。
おはようございます。とうくんだしスク外そう山の中だしよろしく！
おはようございます
北温泉、プール横から…。
水着でプール温泉は外のだそう…
いいえ
えっ全裸っ!!
きれいな森を歩き…。いやしかし、この日暑いのなんの…
ゴヨウツツジ
あらっ ゴヨウツツジ＝シロヤシオ 回廊ねっ。ずーっと
愛子さまの
あちぃ
三斗小屋温泉では
煙草屋旅館に！
ごはんどうぞ お部屋で
大峠から三本槍岳までの尾根は…。
ケケケ キョ
ずーっとこんな咲いてるなんてね…
向こう尾瀬がですね…
三本槍岳で山名の由来を知り…。
じゃなく
こっちか…
たらり～ん
稜線に出ると、朝日岳やこれから下る尾根が見えて…。
とっくん昨年行った朝日岳東南稜あの山の反対側だよ
朝日岳篠原ガイドと…
わっ赤トンボ！すごいね もう？
須立山から先は、モーレツヤブヤブよ！
笹メリ
こくなる
ガサガサ

mountain cabin

no. 12

坊主沼避難小屋

石谷師子さんと、とっくんこと徳一くん母子と、那須《なす》連山縦走を計画。もともと山が好きだった師子さんと、知的障碍・言語発達障碍があるとっくんは、10年ほど前から一緒に山に行くようになったとか。私は数年前、篠《しの》原《はら》達《たつ》郎《お》ガイドのクライミング講習会をお手伝いした際に知り合い、ご一緒するようになった。

1955年5月29日、甲《か》子《し》山で白河高校山岳部の学生6人が死亡する遭難事故があった。これを受け、登山者の安全を図るために福島県が避難小屋を建設、同年11月に完成した。老朽化のため75年に改築。2008年、場所を少しだけ西の高台に移し、現在の3代目の小屋に建て替え、同時に甲子山から三《さん》本《ぼん》槍《やり》岳までの登山道改修もした。現在、登山道の整備などは、環境省の委託を受け西郷村が行なっており、小屋の管理は地元の白河山岳会と西郷山岳会が共同で実施している。

この日は、快晴の真夏日。北温泉から、急な傾斜を汗だくで登った。傾斜が落ち、顔を上げるとあたりはブナの森、次にゴヨウツツジの回廊と変わる。あちこち山歩きをしている師子さんが「歩いていない所」と、こちらから入

DATA

所在地●栃木県と福島県にまたがる那須連山の北、甲子山（1549m）の南南西にある坊主沼そばの森の中の平坦地（1600m）。南側の北温泉から、三斗小屋温泉、大峠、三本槍岳経由で1泊2日、北側の甲子温泉から甲子山経由で4時間
収容人数●20人
管理●通年無人、無料
水場●なし
トイレ●なし
取材日●2020年8月11〜13日
問合せ先●福島県自然保護課☎024-521-8726

山したが、にぎやかな那須連山のなかで、ここは驚くほど静か。しかし緩い傾斜がじわじわと体の汗を絞っていく。

稜線に立つと、朝日岳《あさひ》やこれから下る隠居倉《いんきょぐら》への尾根が見える。朝日岳は、19年秋に反対側の東南稜から一緒に登った。「全然違う山みたいだね～」。ぱらぱらとトンボの羽音が聞こえている。

三斗小屋《さんどごや》温泉では煙草《たばこ》屋旅館に宿泊。露天風呂、気持ちよかったなぁ。

翌朝、降っていた小雨は、大峠に着くとぴたりとやんだ。登っていると白いガスがすごいスピードで尾根を駆け上がり、三本槍岳が現われた。登山道には高山植物がいっぱい。「こんなに咲いてるなんてね～」。花に詳しい師子さんが、その花の名前を教えてくれた。三本槍岳では、歩いてきた尾根の向こうに、会津や磐梯《ばんだい》、尾瀬の山々が見えてきた。見えるっていいね！

北上して須立《すだち》山を過ぎると、登山道が細くなり、ところどころでモーレツヤブこぎになる。ササに覆われた森を歩き、まだかよ～と思ったころ、坊主《ぼうず》沼《ぬま》の避難小屋に着いて心底ほっとした。

翌朝、坊主沼に寄ってから、甲子山、甲子温泉へと下山。坊主沼まで行くという登山者と何人かすれ違った。

ところで、とっくん、登山道上のゴミや、ストックのキャップをちょこちょこ回収してたけど……。

MEMORIES

那須の中で、石谷さんが歩いていない大倉尾根を北温泉から。登山口の北温泉にも一度ゆっくり入りたいね～と話しながら到着すると「あれ？　ここ昔泊まったかも。この玄関前で夫と傘さしてる写真がある！」って。

mountain cabin

関東

那須連峰

no.13

峰の茶屋跡避難小屋

2018.10.28

関東の北限にある那須連山。
茶臼岳まわりは 火山ガスが…。
福島県
西郷村
甲子山
1549
1917
三本槍岳
三斗小屋温泉
朝日岳
1896
峰の茶屋跡避難小屋
栃木県
那須町
茶臼岳
1915
山頂駅
山麓駅
姥ヶ平
牛ヶ首
南月山
1776
黒尾谷山
白笹山
深山湖
沼原
沼原湿原
那須塩原市
小屋のある鞍部の風は そりゃそりゃ…。
この2月、ツアー添乗した時は…。
撤退
ゴォ
それは
さておき
沼原湿原の
隅っこから…。
きれー
姥ヶ平で一休み。茶臼岳や～!
楽しみにしてたチョコレートでも…。
おみやげ
スイーツの
ガタ
ン!
姥神さん
こわいよ…
深めのバンダナ
山頂も…。
中村みつをさん風に…。
え!
似てないって?
ロープウェイとの分岐まで来ると…。
飛び交う中国語も…
1918
おおっっ
すごい人!!
外国での登山、楽しいよね～!
その後、
傾斜が出てきて、
緑はなくなり…。
人もいない
那須と
いえば…。
さそうだ
天神製薬とこや!
おっ
登山者
牛ヶ首から、茶臼岳南側をぐるっと!
向かいからちらほら人が…。

mountain cabin

no. 13

峰の茶屋跡避難小屋

冬に那須《なす》連山の茶臼岳《ちゃうす》に登ったことがあった。通過した峰《みね》の茶屋跡《ちゃやあと》避難小屋付近は、めちゃくちゃ風が強かったなぁ。あの時入らなかった小屋を見に行こうかな。

小屋が立つ峠には、昭和末期まで茶屋（売店）があった。茶屋の廃業後も、1995年ごろまでその残骸は残り、峠は「峰の茶屋」と呼ばれていた。

この峠は年間を通じて風が強い。道迷いや強風による遭難を防ぐため、那須山岳救助隊（72年発足）など地元の要請を受け、97年に栃木県が小屋を建設。峠は、いわゆる「峰の茶屋」だが、売店があるとの誤解を避けるため「跡」を入れ、小屋の名前とした。改修・改築を繰り返し、2018年の大改修で火山の噴石への対処を行なった。

小屋の維持と管理は、那須山岳救助隊が長年行なっており、18年11月から正式に県の委託を受けた。隊長の高根沢修二さんにお話を聞くことができた。地元山岳会に推薦されたメンバーは現在17人。那須連山の遭難救助のほか、年に数回のパトロールの際に小屋を清掃し、冬季は冬囲いを設置する。登山道の整備は、地元山岳会、警察、消防、環境省と共同で行なうそうだ。

DATA

所在地●栃木県北部、福島県との県境にある那須連山の中ほど、茶臼岳（1915m）と朝日岳（1896m）間の鞍部（1725m）。山頂南西の沼原湿原駐車場から姥ヶ平、牛ヶ首、茶臼岳を経由して3時間30分。東側の峠の茶屋駐車場からは1時間ほど

収容人数●30人

管理●通年無人、無料（緊急時以外使用不可）

水場●なし。登山開始前に汲む

トイレ●なし

取材日●2018年10月28日

問合せ先●栃木県県北環境森林事務所☎0287-23-6363

南側、沼原《ぬまっぱら》湿原から登り始めた。ササに囲まれた登山道は、赤や黄色の落ち葉が敷き詰められている。遠くでキュオーンとシカが鳴いていた。緩い傾斜を進んでいくと、山肌から噴煙を上げる茶臼岳が見え始めた。

姥《うば》ヶ平《だいら》のベンチに座り、楽しみに持ってきたチョコレートを食べた。澄んだ空気が耳や鼻をピリリと冷やして気持ちいい。ふと気づくと、後ろで、恐ろしい顔の姥神さんがこちらを睨みつけていた。ひゃ〜。

山頂の肩にある象ヶ鼻から山肌を巻きながら歩いた。反対側からロープウェイで登ってきた人たちがやってくる。その人たちとすれ違い、その数はだんだんと多くなっていく。

山頂にも、その後到着した小屋の前にも登山者はいっぱい。小屋まわりでは、みな強風のなかで食事をしたり写真を撮ったりくつろいでいる。

中に入ると、女性が一人で座っていた。圷《あくつ》玲子さんは、旦那さんと義妹さんが茶臼岳の山頂を往復してくるのを待っているのだと言った。

今日すごい人ですねと言うと、山頂近くまでロープウェイで登れるこの山は、雪が降る前のこの時期、いつもこんなものなのだと話してくれた。

ごはんを食べながらしばらく話していたけれど、ほかに入ってくる人はいない。外は風が強いのに……。えーと、こういうのなんていうんだっけ？

MEMORIES

歩きながら『犬神家の一族』を思い出した。読み返すと犬神佐兵衛が亡くなった本宅は那須湖（どこや？）畔。犬神製薬は那須本社のほか東京、神戸支店があり、犬神財閥は「信州財界の一巨頭」だって。横溝先生、那須って信州？

mountain cabin

関東
那須連峰

no.14 那須岳避難小屋

那須連山、
沼原～姥ケ平～茶臼岳と歩き…。
那須岳避難小屋
下郷村
福島県
西郷村
1917
三本槍岳
赤面山
三斗小屋温泉
朝日岳
1896
峰の茶屋
姥ケ平
ひょうたん池
茶臼岳
1915
南月山
1776
黒尾谷山
1589
白笹山
1719
沼原湿原
深山湖
栃木県
那須町
那須塩原町
前回の主役 峰の茶屋避難小屋跡！
峰の茶屋跡避難小屋から、朝日岳へ！
こっちにも登山者いっぱいや～。
お！朝日岳東南稜。
ぎざぎざ～
こんど登りに来たい！
これこれ！
茶臼岳近くですれ違った
カップルに再会して…。
ひょうたん池近くまでイテッてこっちに来ましたよ。
クマ出たってす
あっさっきの！
かれこれ2時間前…。
山頂にもたくさんの人！
ひときわ賑やかなグループが…。
撮りますよ～
おっもしや？
その後、山頂直下の鞍部に…。
東南稜登ってきました
そうですよ
3時間くらい？
イエ～
楽しかった！
ボロボロでしたよ
市川さん　近藤さん　土居さん　気仙さん
杉並労山のメンバー…。
峰の茶屋からの下りは、うってかわって…。
静かやな～
し～ん
静まり返った小屋の…。
中でくつろいでいると…。
まさか中に人がいるとは思うまい…。
誰か来た。
隠密気分…。

mountain cabin

no. 14

那須岳避難小屋

前回に続き、那須《なす》連山を歩いたときのこと。茶臼《ちゃうす》岳と朝日《あさひ》岳との鞍部にある峰の茶屋跡避難小屋を出発して朝日岳を往復し、下山途中で那須岳避難小屋に立ち寄った。

峰の茶屋跡避難小屋がある峠から北東に15分ほど下ると、那須岳避難小屋に着く。やけに小屋同士が近い。

西にある三斗小屋《さんどごや》温泉は江戸時代から続く温泉。この場所は、三斗小屋温泉への物資の荷継ぎ所として使われた。東の峠の茶屋から、人力で物資を運び、峰の茶屋からの急な傾斜を下ると、この平易な場所で一休みして、荷物を牛馬に載せ替えた。そのころはここで、牛馬の放牧がされていたそうだ。

1950年、鬼怒《きぬ》川・塩原・那須が国立公園に指定され、第一次登山ブームの影響で登山者が増えたこともあり、登山者の安全を図るため、59年、栃木県がこの場所に小屋を建て、以降改修を繰り返している。小屋と周辺登山道の維持・管理は、栃木県の委託を受けて那須山岳救助隊が行なっている。

97年、峰の茶屋跡避難小屋が建てられた後、取り壊す計画だったが、悪天候の際、峠の強風をこの小屋でやり過ごせるようにとの地元の声があり、残

DATA

所在地●栃木県と福島県の県境にある那須連山の中ほど、茶臼岳（1915m）と朝日岳（1896m）間の鞍部から西に下りた平坦地（1610m）。山頂の南西の沼原湿原駐車場から姥ヶ平経由で3時間ほど

収容人数●20人

管理●通年無人、無料（緊急時以外使用不可）

水場●なし。小屋から西に30分ほどで延命水がある

トイレ●なし

取材日●2018年10月28日

問合せ先●栃木県県北環境森林事務所☎0287-23-6363

した。とても近い場所に2軒の小屋があるのは、こんな理由だったのだ。

峰の茶屋跡避難小屋を出発して、朝日岳へ。茶臼岳ほどではないが、こちらも登山者はいっぱい。右側前方に朝日岳の山頂に突き上げるギザギザの尾根、朝日岳東南稜が見えてくる。

山頂に立つと、目の前に丸い茶臼岳がどどんと横たわる。登山者が次々と到着する。ひときわ賑やかな4人のクライマーが写真を撮り、下っていった。4人は、杉並労山のメンバー。その後、山頂から少し下った鞍部のベンチで休んでいた。この日、朝日岳東南稜を登ってきたのだと楽しそうに話した。いい仲間なんやろなぁ。私も登りに来たい！

山頂から峰の茶屋に戻り少し下って、静まり返った那須岳避難小屋に到着。中で休んでいると、男性がやってきて、小屋の前で腰かけた。窓からそれを見る私には気づいていないようだ。今、急に出ていったら、さぞかしびっくりするやろな〜。

男性は近くに住むという近藤徳夫さん。朝6時に峠の茶屋から茶臼岳を登り、いったん下って三斗小屋まで歩いて、ここまで来たのだと話した。家が近いので、よくこんなハードな周遊山行をしているのだとか。

へ〜そんなに身近な山なんやねと思いながら、別のことが気になって……。

MEMORIES

那須朝日岳東南稜には、その後篠原達郎ガイドと登りに行った。岩がボロいけど快適なクライミングを楽しめるので、お客さんとも登ったな〜。篠原さんは冬にお客さんと行き「雪があったほうがおもしろかったよ」って。

mountain cabin

関東
前日光

no.15 古峰ヶ原高原ヒュッテ

2021.3.3

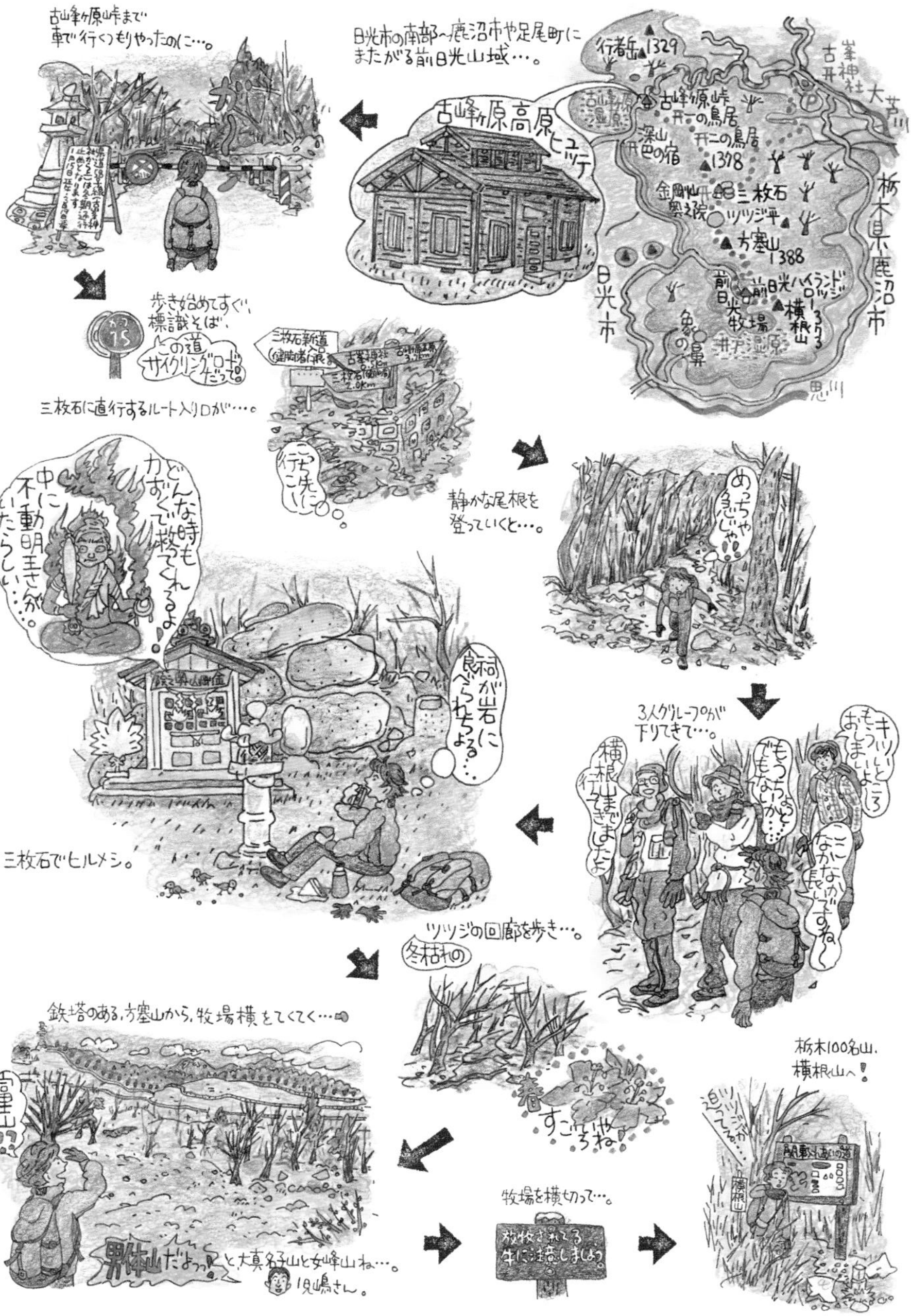
古峰ヶ原峠まで
車で行くつもりやったのに…。
ガーン
日光市の南部〜鹿沼市や足尾町に
またがる前日光山域…。
古峰ヶ原高原ヒュッテ
行者岳 1329
古峰神社
大芦川
古峰ヶ原峠
一の鳥居
二の鳥居
深山巴の宿
1378
金剛山瑞峰院
三枚石
ツツジ平
方塞山 1388
前日光ハイランドロッジ
前日光牧場
横根山 1373
象の鼻
井戸湿原
日光市
栃木県鹿沼市
思川
歩き始めてすぐ、
標識そばに、
この道
サイクリングロードだって。
三枚石新道
三枚石に直行するルート入り口が…。
行きはこの先に
静かな尾根を
登っていくと…。
めっちゃ急じゃ!
どんな時も
力ずくで救ってくれるよ
中に
不動明王さんが
いたらしい…。
良利が岩に
へばりついてるよ…。
三枚石でヒルメシ。
3人グループが
下りてきて…。
横根山まで
行ってきました
でも、もう一息なので…
キツいところ
もうおしまいよ
ここ
なかなか
長いですね〜
ツツジの回廊を歩き…。
冬枯れの
春
すごそうね!
鉄塔のある方塞山から、牧場横をてくてく…
富士山!?
男体山だよっ!と、大真名子山と女峰山ね…。
児嶋さん。
牧場を横切って…。
放牧されてる
牛に注意しましょう。
栃木100名山、
横根山へ!
迫ってるか…
関東ふれあいの道
横根山

mountain cabin
no. 15

古峰ヶ原高原ヒュッテ

鹿沼駅の近くに古賀志《こがし》山というクライミングエリアがあって、たまに登りに来ることがある。同じ鹿沼市内に古峰《こぶ》ヶ原高原があることを知り、思い立って向かった。修験の山として開山され、春にはツツジが美しいそうだ。

古峰ヶ原高原のハイキングコースは、ずいぶん前から歩かれていたが、1989年5月、登山者の安全のため、鹿沼市が小屋を建設。以来、小屋と周辺登山道の管理は鹿沼市山岳連盟の協力を得て、鹿沼市が行なっている。大雨や雷の際には心強い避難所だ。

小屋の立つ古峰ヶ原峠まで県道58号が通っているが、小屋が設置された当時、県道は開通しておらず、麓の古峯《ふるみね》神社から歩いていた。この県道、現在はサイクリングロードとして人気がある。

栃木県は全域で雷が多いそうだ。特に高原地形のここは、急な雷が多い。お話を聞いた鹿沼市観光交流課の荒川千秋さんは、「雷が多いぶん、雨上がりの美しさに出会えることも多いですよ」と話した。

さて、そんなことを後で知った私。避難小屋の立つ古峰ヶ原峠まで車で行

DATA

所在地●栃木県鹿沼市西から日光市、足尾町に広がる前日光山系にある古峰ヶ原峠（1144m）そば、古峰ヶ原湿原脇の平坦地。冬季（1～3月）以外は峠まで車で行くことができる。三枚石新道を歩き、三枚石、方塞山を経て横根山まで3時間30分。三枚石から古峰ヶ原峠まで40分
収容人数●20人
管理●通年無人、無料（緊急時以外使用不可）
水場●小屋横の沢水
トイレ●使用不可
山行日●2021年3月3日
問合せ先●鹿沼市経済部観光交流課☎0289-63-2303

き、のんびりと横根《よこね》山やその先の井戸《いど》湿原まで歩こうと考えていた。この日の朝、古峯神社近くに到着して、県道が春まで通行止めと知って大ショック。舗装された道路を歩いた。道路横にサイクリストのためのカーブNo.の標識が見える。すぐに縦走路途中の三枚石に直接向かう三枚石新道入り口があった。三枚石から横根山まで歩き、下山時に古峰ヶ原峠の避難小屋に寄ろうと計画を変更した。

新道入り口から尾根をひとつ越えていったん沢筋に入り、登り始めた。植林とブナの自然林の境界線につけられた登山道は、かなりの急登だが明るく、木々の向こうの青い空がまぶしい。小さな鳥がずっとついてきている？　立ち止まって静かに見ていると、シジュウカラがこちらを見てチチチ……と鳴き、仲間がそれに答えた。なんて話しているんだろう？

三枚石で一休みし、なだらかな登山道を進む。木々のトンネルは、すべてツツジなんだね。鉄塔のある方塞《ほうさい》山からは、牧場の柵横をてくてく歩いた。牧場を横切り、冬季休館中の前日光ハイランドロッジからひと登りするとツツジに埋まりそうな横根山に到着。井戸湿原まで行くのはあきらめたけど、ツツジのころにもう一度来たいな。

下山は、三枚石から古峰ヶ原峠経由で。ヒュッテで一休みした後の古峯神社までの車道歩き、やっぱり長いな〜。

カーブ 39
ここ
登山口
カーブ 39 − カーブ 15 = 24 かあ…！
カーブ…。

MEMORIES

途中で前日光牧場を横切る、ちょっと変わったルート。この日、牛はいなかったけど、この牧場、標高1300mにあるので、6〜10月に麓の牛舎の牛たちが避暑に預けられるのだとか。広くて涼しい所でのびのび暮らせるって。

mountain cabin

関東
袈裟丸山

no.16 賽の河原避難小屋

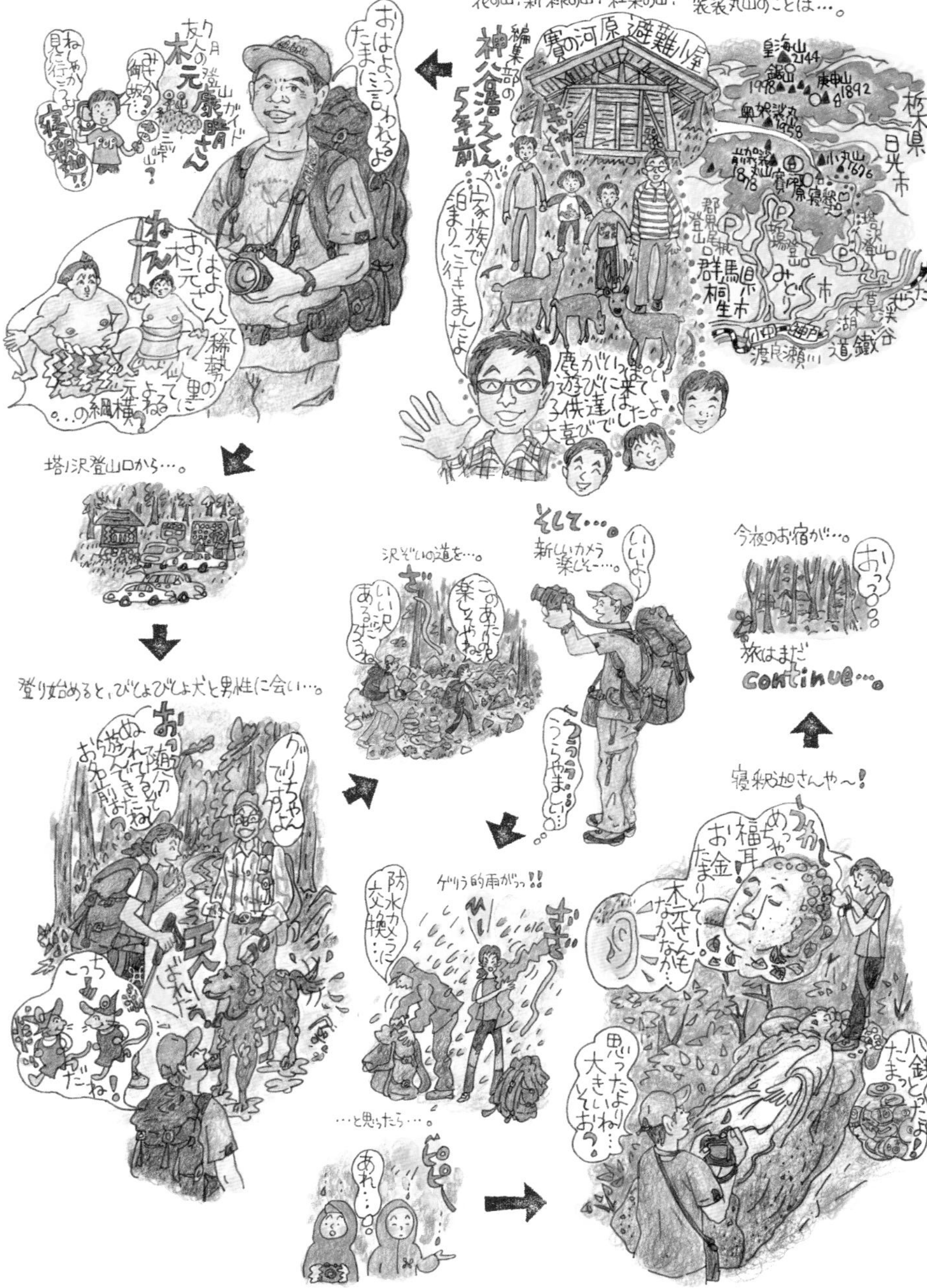
花の山、新緑の山、紅葉の山、袈裟丸山のことは…。
賽の河原避難小屋
編集部の神谷浩之くんが!! 5年前に
家族で泊まりに行きましたよ
鹿がいっぱい遊びに来て子供達は大喜びでしたよ!
皇海山 2144
鋸山 1998
庚申山 1892
奥袈裟丸 1958
前袈裟丸山 1878
小丸山 1676
賽の河原
寝釈迦
栃木県日光市
郡界尾根登山口
群馬県桐生市
みどり市
草木湖
わたらせ渓谷鐵道
小中
神戸
渡良瀬川
おはよう、たまに言われるよ
9月 友人の登山ガイド 木元康晴さん
みさか峠?
ねしゃか見に行こうよ
おはよう木元さんて稀勢の里に似てるよね
ねえ…の綱横?
塔ノ沢登山口から…。
登り始めると、ぴょんぴょん犬と男性に会い…。
お、随分ぬれてるぞ
遊んできたね
お名前は?
グリちゃんですよ
こっち だね!
沢ぞいの道を…。
いい沢あるだろうね
このあたりの沢楽しそうやね
そして…。
新しいカメラ楽しそ〜…。
いいよ!
うらやましい…
ゲリラ的雨がっ!!
防水カメラに交換…
…と思ったら…。
あれ…
寝釈迦さんや〜!
うわ〜 めっちゃ福耳!
お金たまりそう!
木元さんもなかなか…
思ったより大きいね…
そうおう?
八銭たまっとったよ!
今夜のお宿が…。
おっ。
旅はまだ continue…。

mountain cabin

no. 16

賽の河原避難小屋

友人の登山ガイド、木元康晴さんから「袈裟丸山《けさまる》に行こうか」と連絡があった。ライターとしても活躍している木元さんは、登山道そばにある寝釈迦像を見に行きたいとのこと。袈裟丸山といえば、ずっと前に編集部の神谷くんから話を聞いて、行ってみたかったのだ。5年前の5月連休に家族で歩いたとか。日帰りで行けるコースをのんびり小屋で2泊してきたと話していたなぁ。

賽《さい》の河原《かわら》避難小屋に関するお話を『袈裟丸山』の著者・増田宏さんに聞いた。麓の桐生市在住の増田さんが初めてこの山に登ったのは1968年、中学生のころ。当時の小屋は比較的新しかったが、現地の間伐材を柱にし、トタン張りにコールタールを塗った簡易な掘っ立て小屋で、地面に枯れ草を敷いて寝たそうだ。

増田さんが集めた資料や自身の山行から推察すると、初代の小屋は60年から68年までの間に建設され、老朽化により80年ごろ、2代目の小屋に建て替えられたのだろうとのこと。その小屋は現在も残されている。その後2００1年、旧東村（06年みどり市へと合併）がすぐ隣に現在の3代目の小屋を建

DATA

所在地●群馬県と栃木県の県境にある足尾山塊の南端、袈裟丸山（1878m）の南東。賽ノ河原から5分下ったカラマツ林の鞍部（1450m）にある。塔ノ沢登山口から寝釈迦像経由で2時間。小屋から袈裟丸山（前袈裟丸山）までは2時間15分。前袈裟丸山から後袈裟丸山間の登山道は現在通行禁止
収容人数●5人
管理●通年無人、無料
水場●小屋すぐの沢水
トイレ●なし（使用不可）
取材日●2020年8月4〜5日
問合せ先●みどり市役所観光課☎0277-76-1270

て、小屋と登山道の管理はみどり市が行なっている。

長かった梅雨がようやく明け、この日はめちゃくちゃ暑かった。塔ノ沢登山口駐車場には、すでに車が5台。行程が短いのでのんびり出発だ。

塔ノ沢沿いの登山道を進んだ。沢音が涼しげに聞こえ、時折、その音を遮るようにミソサザイの甲高い声が響いていた。このあたりにも楽しそうな沢登りルートがありそうだね。あたりの森の中に、点々と大岩が見えている。

何度か沢を徒渉し、緩やかな登山道を歩いた。木元さんは後ろになったり前に行ったりして写真を撮っているけど、妙に楽しそう。「そのカメラ、前から持ってたっけ?」と尋ねると、最近買ったのだとか。うぅぅ……うらやましくなってきたぞ。

寝釈迦像は思った以上に大きかった。この像は江戸時代初期のものといわれるが、詳細は不明。信仰登山との関係もはっきりしないようだ。

そのうち、空が暗くなったと思うとざ～っと雨が降り、大急ぎで雨具を着た途端、からっと晴れた。最近、よくこんなことあるよね。

小屋に着いて真っ先に沢でビールを冷やした。そばにでっかいヒキガエル。ビールを飲んで焼肉を食べ、また飲み、夜は更けた。この旅は次回へcontinue。ところでキスすると王子様になるのって、何の話だっけ?

MEMORIES

編集部の神谷くんから「『かえるの王さま』を読みました」と。もともとは王女がカエルにキスではなく、罵りながら壁にたたきつけると王子になるというショーゲキのお話。その後仲よくなり婚約するって。ホラーの気配や～。

王子様にも
会えたよ。
めでたし…

mountain cabin

関東
架裟丸山

no.17 小丸避難小屋

足尾山塊の南端、
300名山にも数えられる袈裟丸山…。
小丸避難小屋
皇海山 2144
庚申山 1892
鋸山 1998
1958
奥袈裟
中袈裟
後袈裟丸山
1878
前袈裟丸山
八反張
小丸山 1676
賽ノ河原
寝釈迦
栃木県日光市
間藤
賽の河原避難小屋
わたらせ渓谷鐵道
沢入
新地川
郡界尾根登山口
群馬県
桐生市
小中川
塔ノ沢登山口
折場登山口
みどり市
水沼温泉
水沼
小中
神戸
草木湖
渡良瀬川
注意
前袈裟丸山から後袈裟丸山の間・八反張は風化が激しく危険ですので通行を禁止します
東村
この日は
前袈裟丸山
までやね…。
わあ もうちょっと秋色だ！
小丸山 1.5km
皆川雄紀さん
1年の半分は山です
第3日曜日は近所の溝掃除で帰るけどね…
その先、
下山してきた人が…。
すぐそばの
小丸避難小屋は…。
帰りに寄ろう
小丸山では、
まわりの山がよく見えたよ！
前袈裟丸山
八反張
奥袈裟
うたこさん今日奥袈裟まで行く？
わ!! こっちは皇海山、庚申山、男体山まで〜
小丸山
(1676m)
2日目、
賽の河原避難小屋で目覚めた
登山ガイド木元康晴さんと私…。
おはよ〜
この日、
めちゃめちゃ気持ちの
いい朝で…。
レッツゴー
カオナシ
トンボすごいね。
ちょっと歩くと
賽ノ河原〜。
いいトンネルだね
そうそう！
アカヤシオのトンネルだって…
登っていくと…。

mountain cabin

no. 17

小丸避難小屋

友人の登山ガイド、木元康晴さんと行った袈裟丸山《けさまる》。2日目の朝、賽《さい》の河原《かわら》避難小屋で目覚めた。この日は賽ノ河原や小丸《こまる》避難小屋を通り、袈裟丸山まで行く予定だ。

小丸避難小屋の話を、前回同様『袈裟丸山』の著者・増田宏さんにお話を聞いた。増田さんが中学生の時に初めてこの山に登った１９６８年にも、ここには小屋があり、当時は「袈裟丸小屋」と呼ばれていた。賽の河原避難小屋と同じように、現地の木を柱にし、トタン張りにコールタールを塗った簡素なものだったが、かなり老朽化して倒壊寸前だったとか。その小屋の写真を、「60年発行の『渡良瀬《わたらせ》源流の山』（朋文堂）に載っていますよ」と見せてもらった。これにより、小屋は50年代以前に建設されたのだろうとのこと。同書によると、旧東村（２００６年みどり市へと合併）の山好きの青年たちが建設したとある。70年ごろには倒壊したが、91年に東村が国の補助を受け、現在の2代目の小屋を建設した。小屋と登山道の管理は、みどり市が引き継いでいる。

この日の朝はからっと晴れて気持ちがよかった。カラマツ林に木漏れ日が

DATA

所在地●群馬県と栃木県の県境にある足尾山塊の南端、前袈裟丸山（1878m）と、その西南西の小丸山（1676m）との鞍部（1607m）にある。南東の塔ノ沢登山口から寝釈迦像、賽ノ河原を経て3時間10分。前袈裟丸山まで1時間。前袈裟丸山から後袈裟丸山間の登山道は現在通行禁止

収容人数●3人

管理●通年無人、無料

水場●小屋すぐの沢水

トイレ●別棟にあり

山行日●2020年8月4～5日

問合せ先●みどり市役所観光課☎0277-76-1270

落ち、ハルゼミの声が聞こえる。出発して10分も歩くと賽ノ河原に到着。岩がごろごろと点在し、ケルンもたくさんある。……いや、看板に「いまでも子供の新仏を出した人が、ここで石を積むと、その子供に会える」とある。道標のケルンではないのかも。

進んでいくと、登山道は木のトンネルとなる。春はヤシオツツジがそりゃあきれいだとか。傾斜が少し増すと小丸山に到着。青い空をバックに、袈裟丸連山の尾根、その右に庚申《こうしん》山、皇海《すかい》山が見え、遠くに日光白根《にっこうしらね》山や男体《なんたい》山が霞んでいた。

午後には雲が出てきそうなので、避難小屋はいったん通過して、前袈裟丸山に向かった。山頂間近で下山してくる皆川雄紀さん（70）に会った。300名山は9月いっぱいで完登しそうだと話していたなぁ。

山頂広場は、シラビソとシャクナゲに取り囲まれている。北側の八反張《はちたんばり》が通れないので、この日はここまで。トンボの羽音がパラパラと聞こえる。よく見ると少し赤い。木元さんが「昔、北アルプスの山小屋で働いていると、8月の5日くらいに空の色が急に秋に変わったよ」と言った。めっちゃ暑いけど山はそろそろ秋なのか～。

帰りにちょっと寄り道。ここもマイ名所になったよ（また行きたい）。

MEMORIES

行こうと言い出した木元さんは、行程的にこの小屋に泊まるつもりだったみたい。泊まるなら賽の河原避難小屋のほうがいいかな～。お話を聞いた増田さんの著書『袈裟丸山』は、この山の深～いことがたくさん書いてあった。

mountain cabin

no.18 御前山避難小屋

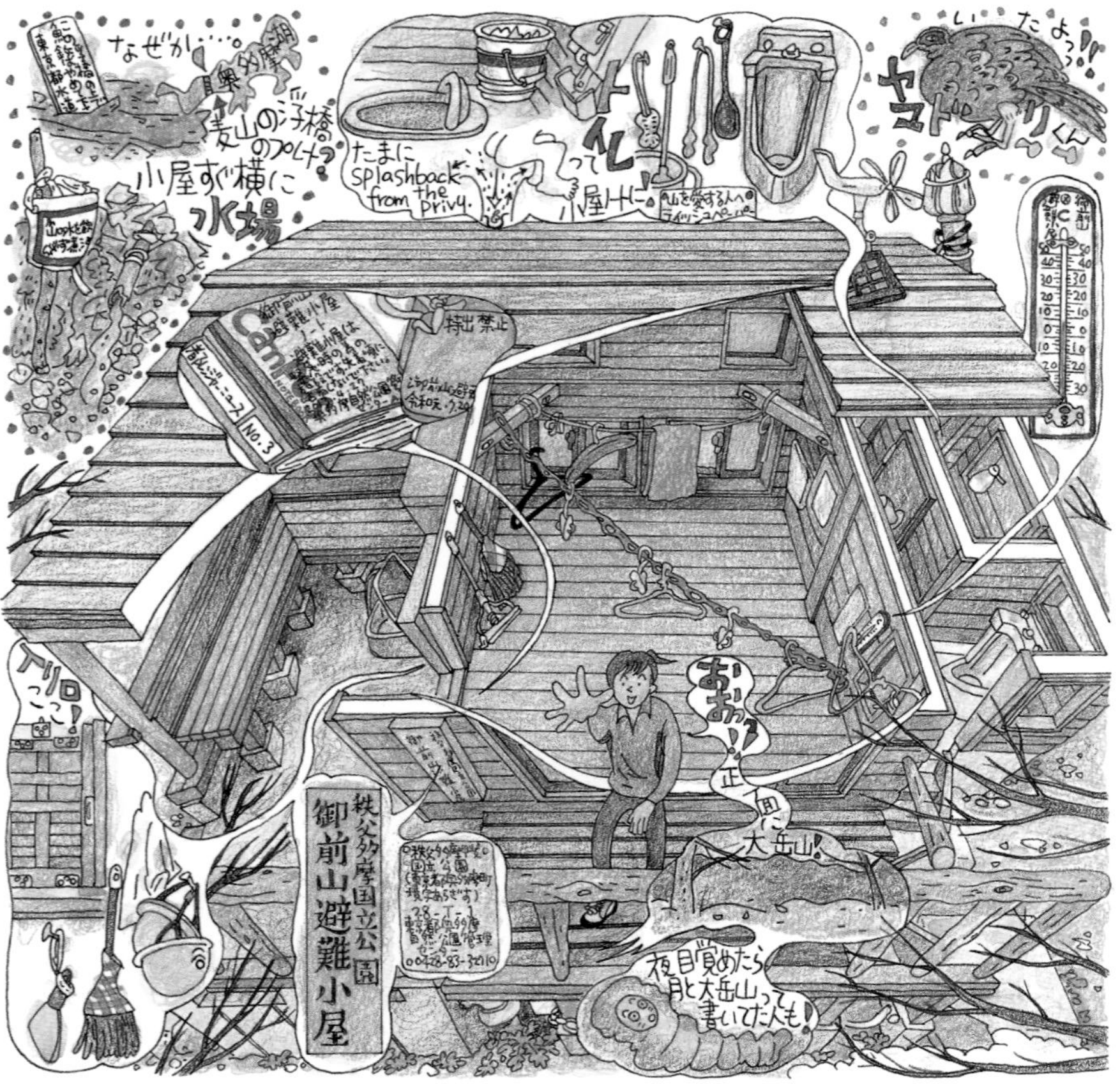

2020.4.3

"カタクリの咲く山"
御前山。
花言葉：初恋、寂しさに耐える。
東京都奥多摩町
奥多摩
JR奥多摩線
多摩川
登計
愛宕山
栃寄
登計峠
大塚山
鋸山 1109
日の出山 902
御岳山 929
鞘口山
御前山 1405
クロ尾山
大ダワ
大岳山 1267
武蔵五日市
秋川
御前山避難小屋
奥多摩駅そばから・・・。
"急登"で知られる
愛宕山～鋸山へ・・・。
187段
急すぎやろ～
すぐの鋸山避難小屋は、
明らかに跡で・・・。
知らんかった・・・いやマジで・・・
だいぶ前に取り壊したみたいだよ
登山ガイド 木元康晴さん
そっか～
もちょこっと・・・。
御前山の山頂は広々～。
これから歩くんですか？
まだまだ長いよ 大岳山、御岳山、大塚山まで行くからね。
この木を切ってくれて眺め良くなったね！
ゴーッ
打ち上げ花火くらいで届きそう・・・
鋸山 1109m
大ダワから・・・。
鋸山！の上空って
米軍機の航路なんやね・・・。
チロリ チロリン
たわわな花粉～
はっ
開けた場所で一休み。
7時のチャイムが・・・。
岩茸石山、高水山か～・・・。
その後・・・。
猛スピードで追いついてきた人は・・・。
大岳山から御岳山 日の出山行って五日市まで行けるかな。
速いっスね～ どちらまで？ お先どうぞ・・・
三木建一さん
あっという間に
岩場を走り去って・・・。
速い・・・

mountain cabin

no. 18

御前山避難小屋

世の中、新型コロナで大変なことになってきましたね。東京など7都府県では4月7日から緊急事態宣言が発出。その少し前、奥多摩の御前《ごぜん》山に行ってきた。

1988年に東京都によって避難小屋再生計画が発案され、奥多摩の小屋を次々と建て替えた。御前山避難小屋はその計画の3番目の94年に建築。小屋がある場所には、もともと東京都産業労働局の林業作業用の小屋があったそうだ。現在、トイレの汲み取りも含め、小屋や付近の登山道の管理は奥多摩自然公園管理センターが行なっている。この小屋があることは登山をするうえで心強いが、あくまでも緊急避難用に使用してほしいとのことだ。

この日は谷川《たにがわ》岳に行こうと計画したが、近場の日帰りの山に変更。おかげで早朝から歩き始めることができた。

奥多摩駅のそばから出発。愛宕《あたご》山から鋸《のこぎり》山までの登山道は、急登で知られる。黙々と歩くと、麓の喧騒や、カンカンカンという電車の遮断機の音は、いつの間にか聞こえなくなっていた。木々が切り払われた場所で一休み。7時のチャイムが鳴り響いた。

DATA

所在地●東京都の西にある奥多摩山塊の中ほど。奥多摩三山のうちのひとつ、御前山（1405m）の山頂北東、栃寄集落への登山道途中の鞍部（1340m）。奥多摩駅前から愛宕山、鋸山を登り、大ダワ、鞘口山経由で御前山山頂まで4時間30分。山頂から小屋までは10分ほど

収容人数●15人

管理●通年無人、無料（緊急時以外使用不可）

水場●小屋横の沢水。要煮沸

トイレ●小屋横にあり

取材日●2020年4月3日

問合せ先●東京都多摩環境事務所☎042-521-2947

再び植林の森の中を歩いていると、猛スピードで追いついてきた登山者が。この日は大岳《おおだけ》山、御岳《みたけ》山、日《ひ》の出《で》山まで行きたいと話した。岩場や鎖場を過ぎ、稜線に出て、気持ちのよい登山道が続く。チコチコと鳥の声が聞こえる。静かに見ていると、暖かい日を浴びて数羽のシジュウカラが遊んでいた。

鋸山の山頂は木々に覆われ、眺望はない。上空を飛んでいく米軍機は、意外なほど大きく見える。

山頂から登山道を下って大ダワに。ここは奥多摩町と檜原村を結ぶ鋸林道途中の峠で、トイレがある。ありゃ？ 近くに鋸山避難小屋が立っているはずだが……。小屋跡らしい石積みに座り、友人の登山ガイド、木元康晴さんに電話をかけてみた。木元さんは優しいので「ばっかじゃないの～」とは言わず、調べて電話をかけ直してくれた。「もうないみたいだよ」。後日、奥多摩に詳しい多摩環境事務所の山本正美さんに聞くと、小屋は6畳ほどの小さなものだったが、かなり前に崩壊したそうだ。

気を取り直して先へ。登山道脇の斜面に、カタクリの花が咲いていた。

御前山の山頂は広く、北面に雲取《くもとり》山や鷹《たか》ノ巣《す》山が見える。気持ちいいね～。しかしさっきからハナミズが止まらん。そういえば早起きしたから、いつもより早く花粉の薬飲んだんだっけ……。

MEMORIES

コロナ禍、県外への移動を慎むようにってあったね。都民の私はここに行った。帰宅直後に高熱が出て寝込み、奥多摩にコロナを持ち込んだんじゃ……とドキドキした。今となっては本当に殺伐とした、でも懐かしい時間やね。

mountain cabin

関東
大菩薩

no.19 湯の沢峠避難小屋

2020.7.28

雨続きの7月末、寂惝尾根を登り始めると日差しが…。
ハルゼミ
中央線と中央道の山、滝子山から…。
湯の沢峠避難小屋
甲州市
日川
牛奥ノ雁ガ腹摺山1994
1988 黒岳
大蔵高丸 1781
ハマイバ丸 1752
米背負峠
大谷ヶ丸 1644
白縫神社
鎮西ヶ池
浜立山
滝子山 1620
大鹿山
笹子雁ガ腹摺山 1358
寂惝尾根
甲斐大和
山梨県大月市
中央自動車道
笹子
初狩
笹子川
JR中央線
登っていくと傾斜が出てきて岩っぽく…。
ぬれたスラブじゃ…
とぐろ巻いちょる！見事に…。
滝子山の山頂〜！富士山のまわり、雲が…。
滝子山
アゲハ蝶多しっ！
そこから…。しっとりした森や…。
ややしっとりしすぎ…
大谷ヶ丸
草原を歩いて…。
さわさわわわ…
アップダウンも…。
大蔵高丸、湯ノ沢峠あたり、植生保護の柵の中は…。
百花繚乱！

mountain cabin

no. 19

湯の沢峠避難小屋

長い長い雨が続いた2020年の7月。この日ようやく曇り予報になったので、滝子《たきご》山から湯《ゆ》ノ沢《さわ》峠をめざした。

小屋が立つ駐車場までは車で入ることができ、徒歩5分ほどで大菩薩《だいぼさつ》連嶺の稜線である湯ノ沢峠だ。

以前からこの場所には小屋が立っていたが、詳細はわかっておらず、現在の小屋は、1985年、登山者からの要望があり旧大和村（05年11月甲州市へと合併）が建設。05年8月、自然環境を考慮し、以前からあったトイレを現在の循環型バイオトイレに建て替えた。小屋やトイレの管理、そこで使われる電気代の支払いは、甲州市が行なっている。

甲州市役所商工観光課は「『湯ノ沢のお花畑』として、たくさんの人が山の花々を気軽に楽しめる場所となるよう整備、管理を継続している」とお話しされるが、あくまでも避難小屋。緊急時以外の宿泊は禁止だ。

滝子山南の公園駐車場から歩き始めた。林道から寂惝《じゃくしょう》尾根に入ると、スギの植林右側からぱぁ～っと光が差し込んできた。久しぶりの太陽だ！寂惝苑（廃屋）を過ぎ、大きな送電線をくぐれば登山道は傾斜を増し、や

DATA

所在地●山梨県東部にある大菩薩連嶺の南、湯ノ沢峠（1652m）から徒歩5分の湯ノ沢峠駐車場にある。南側の滝子山から大谷ヶ丸、ハマイバ丸を経て6時間。小屋からやまと天目山温泉までは登山道と林道を歩き3時間20分
収容人数●10人
管理●通年無人、無料（緊急時以外使用不可）
水場●小屋から2分下った沢水
トイレ●別棟にあり（冬季使用禁止）
山行日●2020年7月28日
問合せ先●甲州市観光商工課☎0553-32-2111

せていく。大きく聞こえていた沢音はいつの間にか消え、ハルゼミの声が遠慮がちに聞こえていた。

尾根上部には鎖場や岩場を通過する箇所があった。整備されているが、雨続きで岩がぬるぬる。ちょっと怖い～。

滝子山の山頂に立つと正面に富士山が。富士山山頂付近は、ぐるぐると雲がとぐろを巻いていた。やがて風向きが変わり、一瞬で真っ白に。カタタンカタタンと中央本線の電車の音が聞こえてくる。たくさんのアゲハ蝶がひらひらと飛んでいた。

滝子山から北の尾根に入ると、滝子山が下界の音を遮るのか、途端に静寂の世界に。しっとりした森や草原を歩いた。雨は降らないけど、日が出ては曇り、ガスに覆われと、あたりの様子は変わっていった。この付近は「振り返ると富士山」の稜線だが、なにも見えない。それでも雨に濡れずに歩けるのはうれしかった。

大蔵《おおくら》高《たか》丸《まる》手前で植生保護のための防鹿柵があり、扉の中では、それまで見られなかった高山の花々がめっちゃ咲き乱れていた。シカ害は思った以上にすごいんだなぁ。

湯ノ沢峠からすぐの避難小屋で一休みし下山。やまと天目山《てんもくさん》温泉からバスで甲斐大和駅に着くと……。

久しぶりの夕焼け…。
梅雨あけて
コロナもご一緒に
持ってってくれればいいね…

MEMORIES

長い長い雨の後、やっとこさの曇り予報で登りに行った。予想通り誰にも会わんかったけど、下山後のやまと天目山温泉でほっこり。バスの運転手さんも親切だった。甲斐大和駅で会ったおばあちゃん、お元気かなぁ。

mountain cabin

no.20

黍殻避難小屋

関東
東丹沢

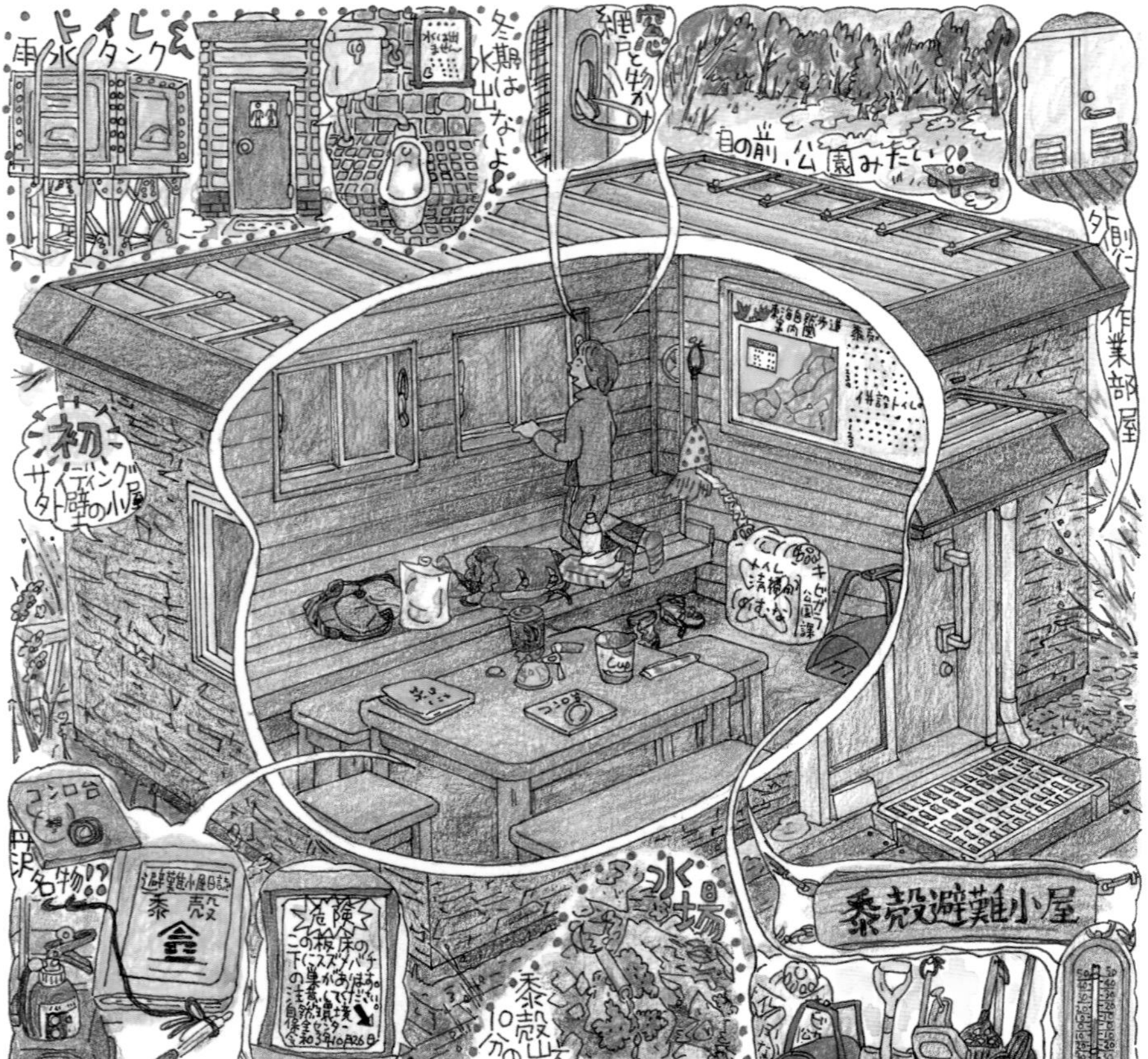

2022.3.12

丹沢山塊の北部…。
山梨県上野原市
道志川
神奈川県相模原市
平丸
焼山 1060
上青根
泰殻山 1273
平丸分岐
宮ヶ瀬湖
姫次
蛭ヶ岳 1673
蛭ヶ岳山荘
丹沢山 1567
塔ノ岳 1491
泰殻避難小屋
青根集落をてくてく…。
珍しいアーチが…。
これジャガイモとおナスにおいしいしよ。
よく手入れされた植林から…。
冬枯れの森を歩き…。
おっっ!! すごい勢いで…。
追っ手が!!
…と思ったら
あっという間に…。
どーもし蛭ヶ岳山荘ですよ。
ずんずん
歩荷さんどこの??
私はゆっくり稜線へ～。
わ～。雪山!!
かるうでって…よっ
小屋で一休みしてから…。
小屋前の芝生っ原を歩いて…。
リアルもぐらたたきやっとくっ!
はっっ。
いや、やらん。
焼山まで～。
展望台、
今はあかん
みたいや…。
泰殻山の山頂、
雨量計があって…。
トトン
コゲラ
チチッ
ぴぴ
シジュウカラ?
合唱してる…
眺め良さそやね
ラブし
宮ヶ瀬湖!!
きれいな登山道を
ルンルンで…。

mountain cabin

no. 20

黍殻避難小屋

コツコツコツ……小さな音に顔を上げると、キツツキが木を叩きながら動いているのが見えた。コゲラかな？　ちょっと避難小屋っぽくない外観の黍殻《きびがら》山の避難小屋。今回はこの小屋を見たくてここに来た。

現在の小屋は2代目。１９７０年、神奈川県が初代の小屋を建設した。東海自然歩道整備の一つだが、北側から丹沢《たんざわ》の最高峰・蛭《ひる》ヶ岳までの長い行程の休憩や一時的な避難のためだ。小屋があるのは、稜線から少し下った緩傾斜の中で、風が避けられ休憩するのにちょうどよい場所。まるで公園のような小屋周りの芝生の広場は、小屋建設以前からのものだそうだ。

２０００年にトイレを併設し、老朽化により13年に現在の小屋へ改築した。避難小屋にしては珍しい外観は、コストと耐久性を考えたものだそうだ。

青根集落上のよく手入れされた植林に林道があり、進んでいくとゲートの先で沢沿いの登山道に入った。

沢沿いの急な傾斜を登っていく。春の日差しが凍った地面を解かし、登山道がぬかるんでいる。時折ガラガラと沢そばの山肌が崩れる音が聞こえた。

DATA

所在地●丹沢山塊北部にある黍殻山（1273m）の山頂南西500mの稜線東斜面鞍部（1165m）。北側、道志川沿いの青根集落から林道と尾根を歩き3時間。小屋から黍殻山までは30分、さらに平丸分岐を経て焼山まで45分。青根集落に青根小学校（廃校）駐車場がある

収容人数●20人

管理●通年無人、無料（緊急時以外使用不可）

水場●黍殻山方面に10分の沢水

トイレ●別棟にあり

取材日●2022年3月12日

問合せ先●神奈川県自然環境保全センター☎046-248-2546

ふと後ろを振り返ると、大きな荷物を背負った男性の姿があり、見る間に追いつかれた。「歩荷さん？」と尋ねると「そうですよ、蛭ヶ岳山荘です」と話す。「僕、トレランやってるんですよ」と言う彼は、すぐに見えなくなった。

その後、私はゆっくりと稜線に。分岐から少し歩いて小屋に着いた。

小屋で一休みして外の芝生を歩くと、あちこちで土が盛り上がっている。モグラかなぁ。こんなにたくさんあるの、初めて見た！

私と入れ替わりに、男女の登山者が小屋に到着した。

登山道から少し外れた所にある黍殻山の山頂には、雨量計があり、周りのカラマツ林では鳥たちが楽しそうに合唱していた。そこから下山を予定している平丸分岐を過ぎ、焼山《やけ》まで歩いてみた。アップダウンの少ない緩やかな登山道は、茶色い枯れ葉に覆われ、その上に木々が濃い影を落とす。冬枯れの梢の向こうに、蛭ヶ岳や丹沢山が見えている。標高が高いので、まだ少し雪に覆われているようだ。進んでいくとうねうねとした山の向こうに青い空を映した宮《みや》ヶ瀬《せ》湖が見えてきた。

焼山には立派な展望台があるが、トラロープが張られていて、今は登れないみたい。めっちゃいい景色やろな～。さてと、お菓子でも食べて下山しよっと。

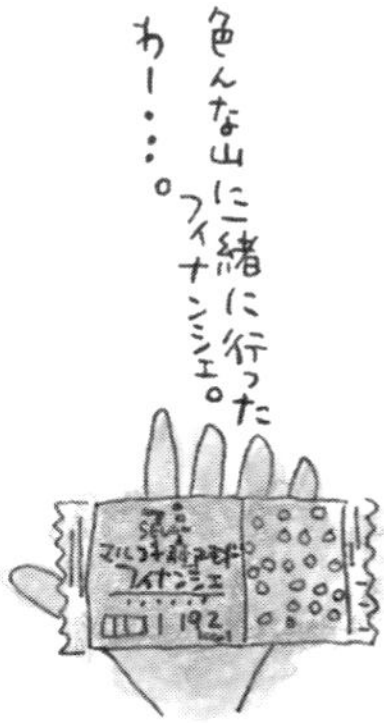
色んな山に緒に行ったフィナンシェ。
わー・・・。
フィナンシェ

MEMORIES

この時焼山で食べたフィナンシェ、数々の山に同行してくれたもので、ボロボロ。もうええかげん食べないとな～。お！　でもやっぱりおいしい。むしゃむしゃ食べたけど、今写真見たら賞味期限2カ月以上過ぎとったやんか。

mountain cabin

no.21

加入道避難小屋

関東

西丹沢

2020.5.27

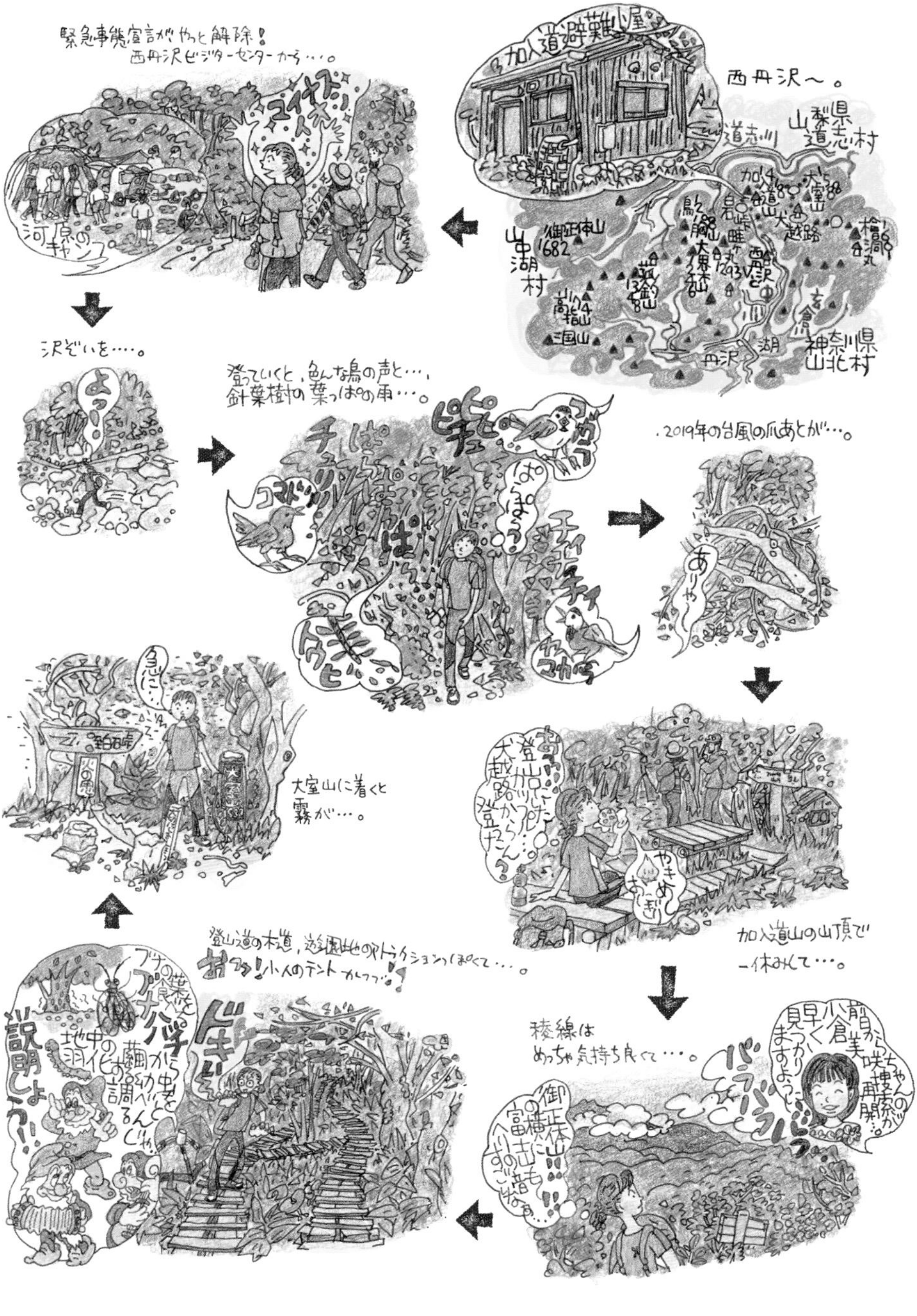

加入道避難小屋
西丹沢〜。
山梨県道志村
道志川
山中湖村
神奈川県山北村
緊急事態宣言がやっと解除！
西丹沢ビジターセンターから…。
河原のキャンプ
沢ぞいを…。
登っていくと、色んな鳥の声と…、
針葉樹の葉っぱの雨…。
コマドリ
.2019年の台風の爪あとが…。
ありゃ〜
大室山に着くと
霧が…。
やきめし
おにぎり
加入道山の山頂で
一休みして…。
稜線は
めっちゃ気持ち良くて…。
御正体山の横に富士山も!!
前日から小倉美咲ちゃんの捜索が再開…。早く見つかりますように
登山道の木道、遊園地のアトラクションっぽくて…。
おっ!小人のテントかっ!?
説明しよう!!

mountain cabin

no. 21

加入道避難小屋

約1カ月半続いた新型コロナウイルス感染症対策の緊急事態宣言が解除されたので、西丹沢《たんざわ》へ向かった。

1970年から、大阪と東京を結ぶ東海自然歩道の整備が始まった。神奈川県はその一部である丹沢山塊の稜線登山道を整備し、登山者の安全のために避難小屋を建設。加入道《かにゅうどう》避難小屋は73年に建てられ、老朽化のため改築し、2016年1月から今の小屋にリニューアル。改築工事は、4カ月ほどで終了した。この場所に小屋を建てたのは、稜線上の山頂直下で目印になりやすいためだ。

西丹沢ビジターセンター前から、中川川沿いの林道を歩く。川面を駆け下りる風が、新緑の葉をさわさわと揺らしていく。あ～、やっと山に来られた！　登山者や、河原でバーベキューをする人たちの姿もある。みな、この日を待ち望んでいたのだ。

犬越路《いぬこえじ》への分岐を過ぎると人の姿はなくなり、沢沿いの登山道には水音と葉擦れの音、ハルゼミや鳥の声が響く。何度か徒渉を繰り返す。設置されたハシゴ橋は、19年秋の台風の影響であちこち崩壊している。

DATA

所在地●神奈川と山梨の県境にある丹沢山塊の西部、加入道山（1418m）の山頂直下。南側の中川川上流、西丹沢ビジターセンターから、白石峠経由で3時間30分。加入道山から東側の大室山までは1時間15分

収容人数●10人

管理●通年無人、無料（緊急時以外使用不可）

水場●小屋外に雨水タンクが設置。途中の沢で汲むことができる

トイレ●なし

山行日●2020年5月27日

問合せ先●神奈川県自然環境保全センター☎046-248-2546

沢を離れ急斜面を登ると、鳥たちの声が大きくなった。登山者に人気のここの鳥たちは、急に人が来なくなったのを不思議に思っていただろうなぁ。

白石峠からは気持ちのよい稜線歩きだ。加入道山の山頂と避難小屋で一休みしたあと、大室《おおむろ》山に向かう。新緑の所々にピンクのミツバツツジが見える。振り返ると青い空をバックに、うねうねと続く西丹沢の山々と、その向こうに御正体《みしょうたい》山があり、雲の中から富士山が現われた。あ〜、きれいだなぁ。それにしてもさっきからヘリの音がすごい。昨日から、19年9月に山梨県道志村のキャンプ場で行方不明になった小倉美咲ちゃんの捜索を再開したとか。早く見つかりますように。

傾斜が緩くなると、登山道に木の階段や木道が出てくる。おっ、茂みの中に小さなテントが。神奈川県自然環境保全センターで、ブナ枯れの原因であるブナハバチの調査をしているそうだ。

大室山に着くと、霧が出てきたので、早々に退散。犬越路への下りは、ブナに覆われ、深山の雰囲気だ。しかし下っても下っても美しい森が続き、だんだん気が遠くなってきた……。

くらくらしながら犬越路避難小屋へ。小屋で夕日を見ながら、ここに来ることができてよかったとしみじみ思った。自粛期間、のんびりできたけどね。

MEMORIES

緊急事態宣言が開け堂々と山に来れてうれしかった。22年5月、小倉美咲ちゃんは発見されたけど、悲しい結果になってしまった。この時植えたホップは健在。でも、実を付けるには至らず、ビール作りはまだ実現してない。

mountain cabin

no.22

犬越路避難小屋

関東
西丹沢

2020.5.28

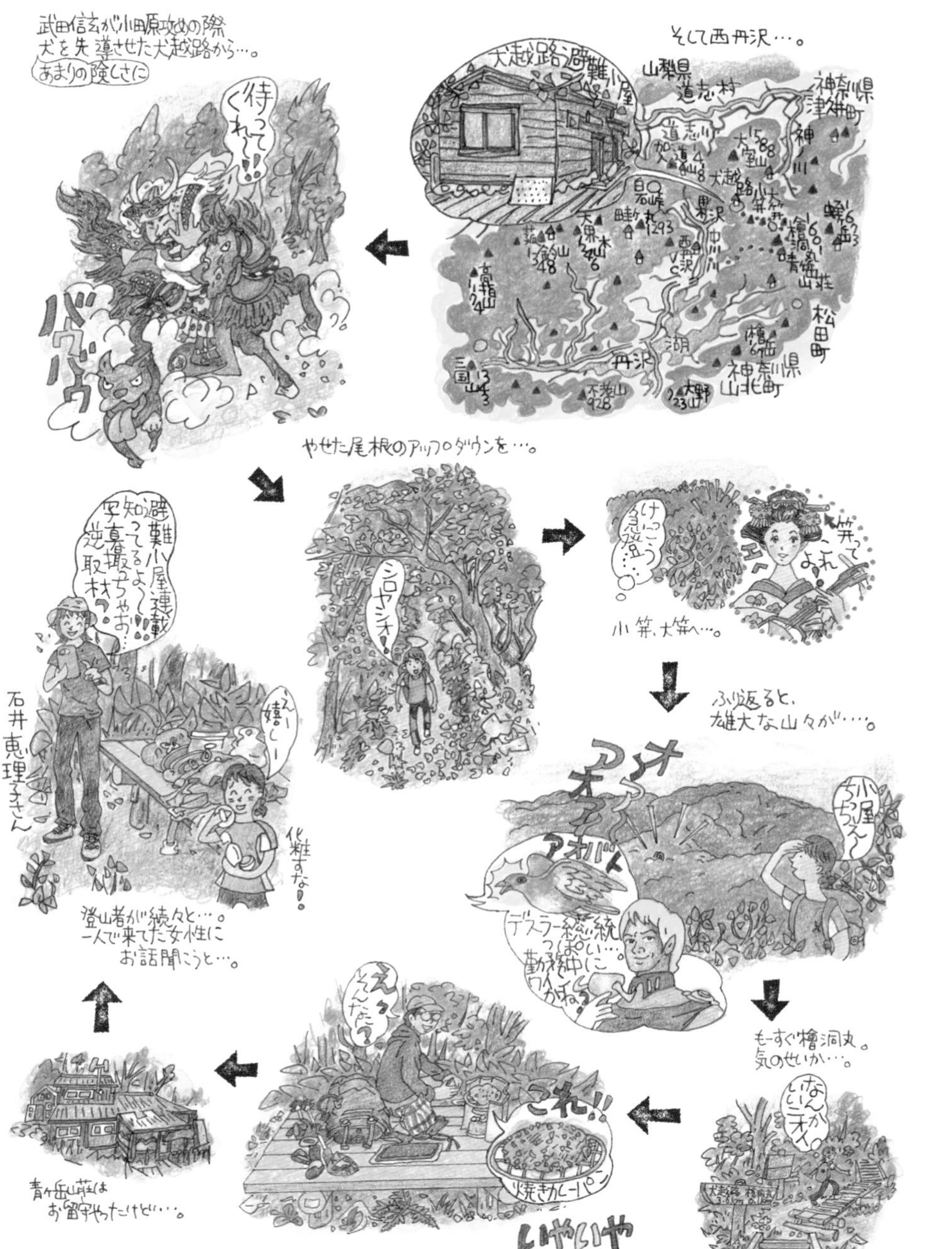
武田信玄が小田原攻めの際
犬を先導させた犬越路から…。
あまりの険しさに
待ってくれ〜!!
バヴバウ
そして西丹沢…。
犬越路避難小屋
山梨県
道志村
神奈川県
津久井町
道志川
加入道山
1418
大室山
1588
神ノ川
犬越路
小笄
大笄
白石峠
畦ヶ丸
1293
用木沢
西丹沢VC
中川川
檜洞丸
1601
蛭ヶ岳
1673
菰釣山
1348
大界木山
1246
高指山
1174
青ヶ岳山荘
松田町
湖
丹沢
檜岳
神奈川県
山北町
三国山
1343
不老山
928
大野山
723
やせた尾根のアップダウンを…。
シロヤシオ!
けっこう急登…
エ〜
笄ってこれよ!
小笄、大笄へ…。
ふり返ると、
雄大な山々が…。
アオバト
小屋ちっちぇ〜
デスラー総統っぽい…。
勤務中にワインかね?
もーすぐ檜洞丸。
気のせいか…。
なんかいいニオイ
いやいや
気のせいちゃうかった…。
これ!!
焼きカレーパン
えっそんなっ?
青ヶ岳山荘は
お留守やったけど…。
登山者が続々と…。
一人で来てた女性に
お話聞こうと…。
避難小屋連載
知ってるよ〜!!
写真撮っちゃお…
逆取材?
えー嬉しー
化粧すな!
石井恵理子さん

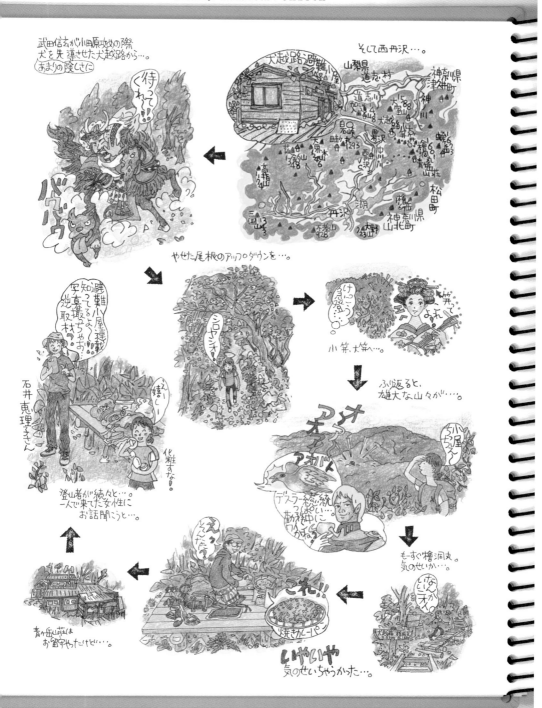

mountain cabin

no. 22

犬越路避難小屋

早

朝、犬越路《いぬこえじ》避難小屋前のテラスでくつろいでいたら、西側から登山者が2人登ってきた。なんとなく遅れをとった気分になって、早々に出発した。

西丹沢《たんざわ》には武田信玄ゆかりの地が多く、犬越路もそのひとつ。そこにある避難小屋は、ほかの西丹沢の避難小屋同様、1970年に始まった東海自然歩道整備のひとつとして、神奈川県が建設。72年に初代の小屋が建てられ、2005年、老朽化により改築された。ここは丹沢主稜線の人気ルートで、中川川と神ノ川の峠越えルートの交差点になっていて、わかりやすいことが小屋を建てた理由だ。

犬越路から緩やかな登山道を登っていく。時期にはもう遅いかなと思っていたシロヤシオの花が、緑の中に咲いていた。ところどころに植生保護や再生のための網がある。

進んでいくと登山道はやせた尾根歩きになり、小さなアップダウンを繰り返す。大笄《おおこうげ》の急な傾斜をひと登りして振り返れば、目の前に大室《おおむろ》山が雄大にそびえ、その向こうに西丹沢の山々が続いていた。よ~く目を凝らすと、大

DATA

所在地●神奈川と山梨の県境にある丹沢山塊の西部、大室山（1588m）と檜洞丸（1601m）間にある鞍部（1065m）。大室山から1時間、檜洞丸までは3時間。西丹沢ビジターセンターからは、用木沢出合経由で2時間

収容人数●10人

管理●通年無人、無料（緊急時以外使用不可）

水場●なし。用木沢で汲むことができる。縦走する場合は持参する

トイレ●小屋内、別室にあり。使用した紙は持ち帰る

取材日●2020年5月28日

問合せ先●神奈川県自然環境保全センター☎046-248-2546

室山から下った峠に小さく犬越路の小屋が見え、そこから歩いてきた森が広がっている。見渡すかぎり累々と続く緑の山々。遠くの森から、ポポッポポッというツツドリの声や、アオバトの哀しげな声が聞こえていた。

大笄からいったん下り、峠で一休み。やがてガスが出てきた。檜《ひのき》洞《ぼら》丸《まる》の手前でコバイケイソウに囲まれた木道を歩いたあと、階段を登っていく。何やら香ばしいにおいが……。においに釣られるように山頂広場に到着すると、ベンチでカレーパンを網焼きしている男性が。これか〜。

山頂からすぐの青《あお》ヶ岳山荘はお留守だった。中をのぞくと、留守の間も登山者の安全のために施錠はしていないとあった。いつか泊まりに来たいな。

山頂でお茶を飲んでいたら、西丹沢ビジターセンターから登山者がパラパラと到着した。単独の女性に話を聞くと、コロナの緊急事態宣言が解除され、真っ先に大好きなこの山に来たのだとか。避難小屋連載のことを「知ってますよ〜」と話し、お話を聞くつもりが、ありゃ？ 取材されてる感じ？

下山中には続々と登山者が。その数を40人まで数えたところでやめた。伊勢原市から来た4人グループとちょっと立ち話。「花の百名山」完登をめざすと言っていた。花の百名山完登って、けっこう大変そうやね〜。少し下った場所に、珍しいヒメシャガが咲いているよと教わったけど見つからなかったなぁ。

MEMORIES

前日歩いた加入道山〜犬越路峠までは登山者がちらほら。そこからも数人の登山者に会ったが、檜洞丸に着くとビジターセンターからの登山者が続々と登ってきた。人気の山なのだ。青ヶ岳山荘にも泊まりに行きたい！

mountain cabin

no.23 菰釣避難小屋

関東
西丹沢

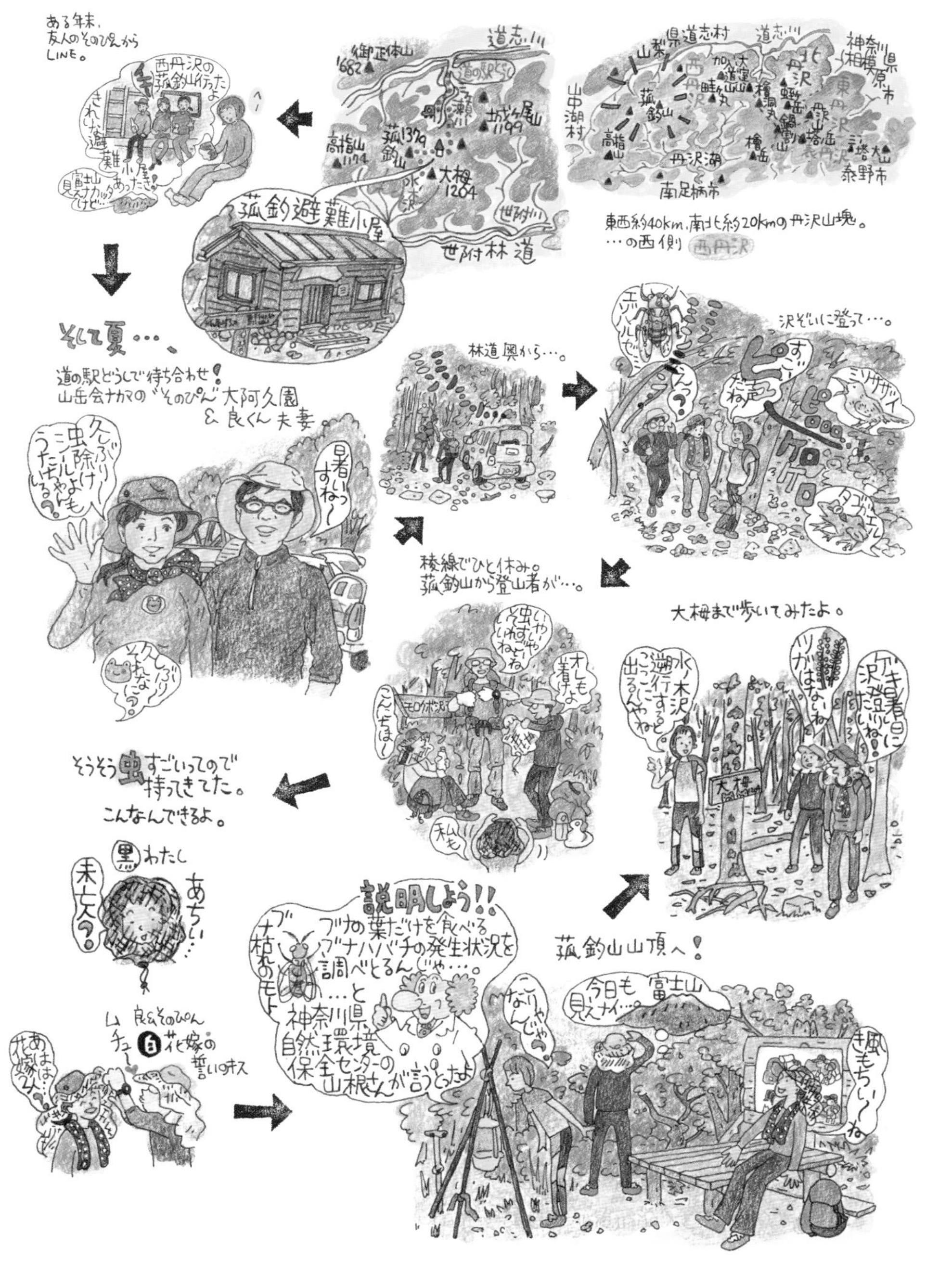

ある年末、
友人のそのぴんからLINE。
西丹沢の菰釣山行ったよ
きれいな避難小屋あったき！
富士山見えナカッタけど…
へ〜
道志川
御正体山 1682
道の駅どうし
城ヶ尾山 1199
高指山 1174
菰釣山 1379
大栂 1204
世附川
菰釣避難小屋
世附林道
県道志村
山梨
神奈川県
相模原市
山中湖村
西丹沢
加入道山
大室山
畦ヶ丸
檜洞丸
蛭ヶ岳
丹沢山
東丹沢
鍋割山
塔ノ岳
檜岳
表丹沢
三ノ塔
大山
丹沢湖
南足柄市
秦野市
東西約40km、南北約20kmの丹沢山塊。
…の西側 西丹沢
そして夏…、
道の駅どうしで待ち合わせ！
山岳会ナカマの"そのぴん"大阿久園
& 良くん夫妻。
久しぶり〜 虫除けシールよーけもうたけちゃんもいる？
暑いっすねっ〜
久しぶり〜 それなに？
林道奥から…。
沢ぞいに登って…。
エゾハルゼミ
えんっ？
すごいだね声
ピ〜ピ〜ロロロ…
ミソサザイ
ケロケロ
タゴガエル
稜線でひと休み。
菰釣山から登山者が…。
いや〜虫すごいそれいいね
オレも着けよ
こんにちは〜
モロクボ沢
私も
大栂まで歩いてみたよ。
水ノ木沢遡行するとここに出るんやねと
ハリガネはないね
沢登り日に着けたいね！
大栂
そうそう虫すごいってので
持ってきてた。
こんなんできるよ。
黒 わたし
未亡人？
あちい…
良&そのぴん
ムチュ〜
白 花嫁の誓いのキス
あはは花嫁は2人？
説明しよう!!
ブナの葉だけを食べる
ブナハバチの発生状況を
調べとるんじゃ…。
ブナ枯れのモト
…と
神奈川県
自然環境
保全センターの
山根さんが言うとったよ
菰釣山山頂へ！
今日も富士山見えナイ…
こりゃなんじゃ？
風きもちい〜ね

mountain cabin

no. 23

菰釣避難小屋

ちょっと前の話。年末、山岳会ナカマの〝そのぴん〟こと大阿久園《おおあくその》からLINE。西丹沢《たんざわ》の菰釣山《こもつるし》に行ってきたとか。この山からは富士山が見えるはずだけど、曇りで見られなかったそうだ。きれいな避難小屋があったというので、夏に一緒に行くことに。神奈川側から沢をつめて登りたいねと話したが、2010年夏の集中豪雨以来、アプローチの世附《よづく》林道が崩壊し、この時点では通行禁止。山梨側の道志から登ることにした。

大阪の箕面《みのお》市と東京の八王子市を結ぶ約1697kmの長距離自然歩道である東海自然歩道に、丹沢山塊を歩くルートが設置されており、菰釣避難小屋はその途中にある。東海自然歩道のなかでも山岳コースは珍しく、ここを歩く登山者の安全を考え、神奈川県が1974年に建設。老朽化のために06年12月8日に改築された。この場所にしたのは、菰釣山の山頂付近で目印としやすいからだ。

小屋と登山道は神奈川県自然環境保全センター自然公園課が管理し、巡回の際に清掃なども行なっている。あくまでも緊急避難用のためのものなので、

DATA

所在地●神奈川県、山梨県の県境にある丹沢山塊のうち、西丹沢にある菰釣山（1379m）　山頂から北東に800mの鞍部（1210m）。「道の駅どうし」から三ヶ瀬川ぞいに進み、車止めゲートから歩く。車止めからブナ沢乗越を経て1時間15分。小屋から菰釣山山頂までは30分

収容人数●10人

管理●通年無人、無料（緊急時以外使用不可）

水場●なし。途中のブナ沢で汲める

トイレ●なし

山行日●2017年7月7日

問合せ先●神奈川県自然環境保全センター☎046-248-2546

トイレはなく、寝具も備え付けていない。安全で無理のないの計画のうえで、登山を楽しんでくださいとのことだ。

「道の駅どうし」で、そのぴんとダンナさんの大阿久良くんと待ち合わせた。良くんもこの日仕事が休みになったので、一緒に来てくれたのだ。

ふたりに案内され、林道奥から歩き始めた。沢沿いの登山道を進むと、ミソサザイやエゾハルセミ、タゴガエルの声が絶えず響き渡っていた。明るい日差しが新緑の緑を照らしてまぶしい。夏だね〜と話す声をまわりの声たちがかき消していった。沢を離れるとまわりの声はトーンダウンしたが、今度は虫がわんわんと顔にまとわりついてくる。事前にそのことを知っていたので、3人とも虫除けネットをかぶった。ふふふ……ざまぁ〜みろだ。しかし、ネットって暑いね。

稜線からほどなく小屋に到着。聞いていたとおり、きれいな小屋だ。中に入る前に山頂へと向かった。

山頂は静かでほかに人はいない。気持ちのいい風がさ〜っと吹いてきて、汗が引いていく。晴れているけど、富士山を見ることはできなかった。

菰釣山から南の大栂《おおつが》に向かった。やや急な傾斜を下ると、ブナ林の中に木の山名板がある。最初に話していた水ノ木沢をつめると、この山の山頂に出るはず。今度は沢登りで来たいね！

MEMORIES

この小屋、そのぴん夫妻から「いい所だったよ〜」と聞いて、案内してもらった。当初は反対側の水ノ木沢を遡行したかったけど、世附林道が閉鎖されていたので往復。その後、林道は復活したし、水ノ木沢、気になるね。

no.24 金城山避難小屋

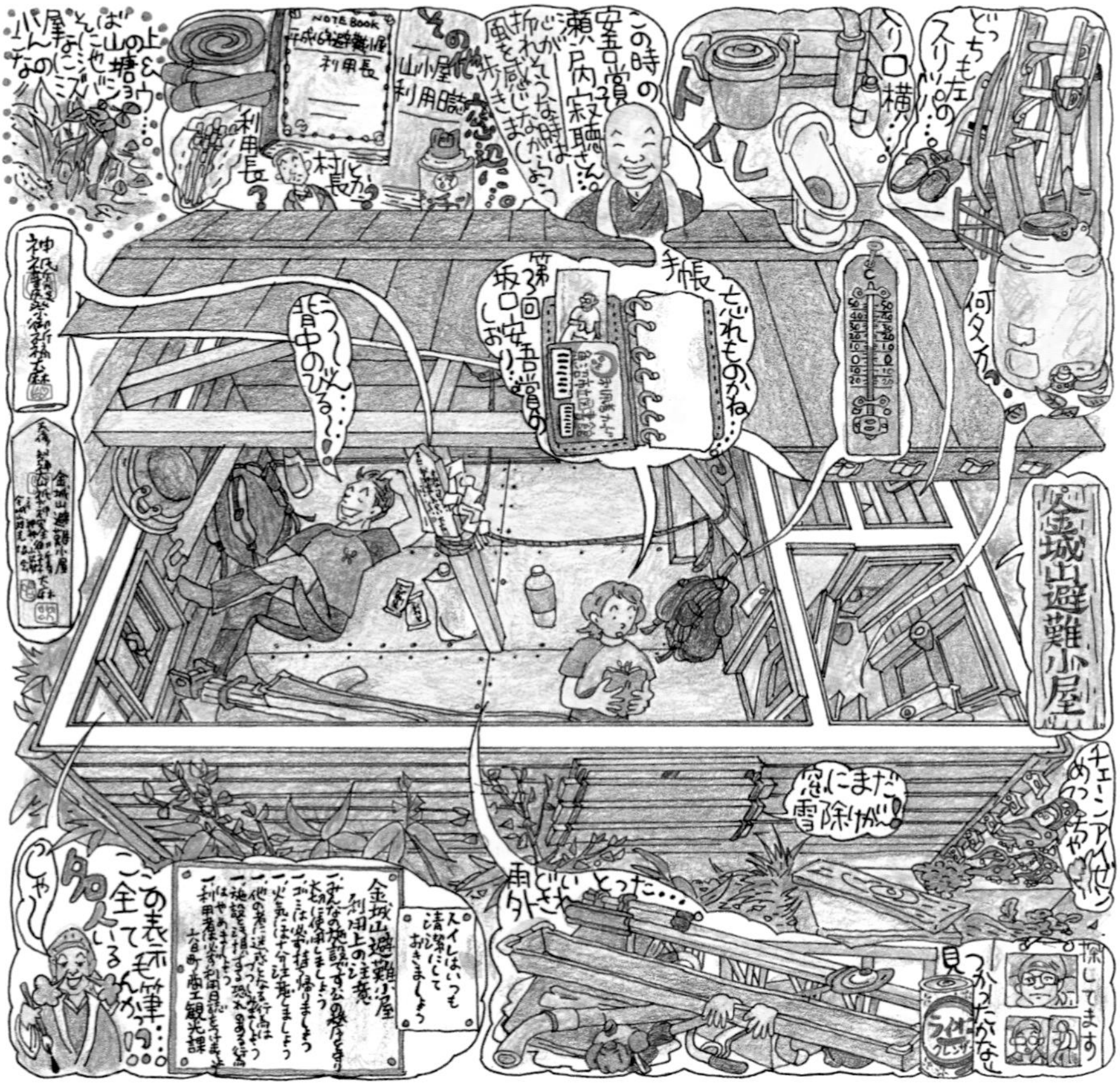

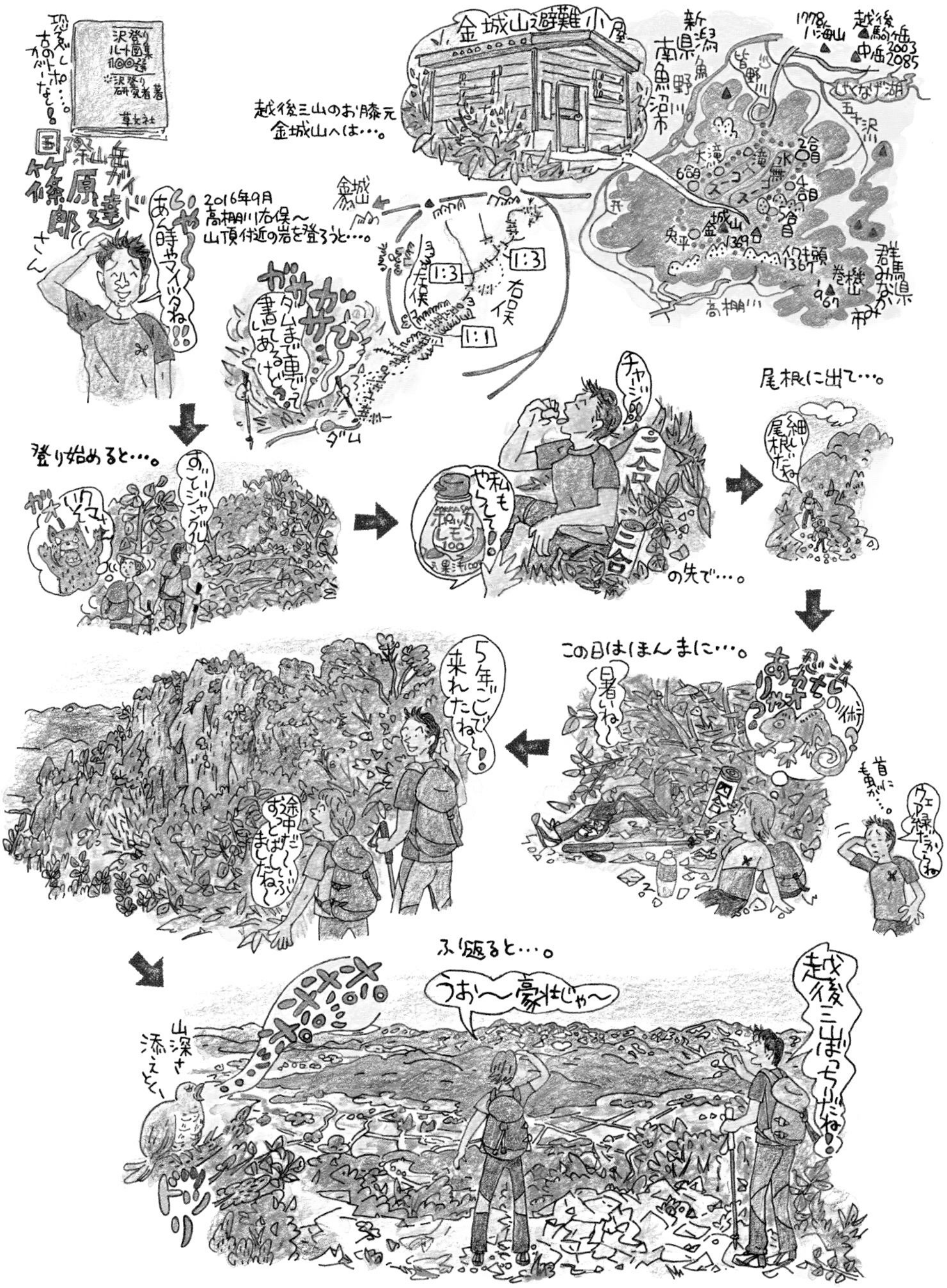
沢登りルート図集100選
沢登り研究者著
草文社
恐るべし古のガイドブックなり！
国際山岳ガイド
竹條原 郎さん
あんやー時々マイッタね!!
2016年9月
高棚川右俣〜
山頂付近の岩を登ろうと…。
ガサガサびー
ダムまで車で書いてあるけど…?
1:3
1:3
1:1
右俣
ダム
金城山
越後三山のお膝元
金城山へは…。
金城山避難小屋
新潟県
南魚沼市
魚野川
皆野川
1778
八海山
越後駒ヶ岳 2003
中岳 2085
しぐなげ湖
五十沢川
大滝
滝
水無
2合目
4合目
5合目
6合目
金城山 1369
観音岩頂 1367
巻機山 1967
群馬県
みなかみ町
高棚川
登り始めると…。
すごいジャングル
ガオー
チャージ
私もちょうだい!
ポッカレモン100
三合
の先で…。
尾根に出て…。
細い尾根だね
この日はほんまに…。
暑いね〜
忍法 あおかもしかオオカミの術
四合
首に毒が…。
ウェア緑だからね
5年ごしで来れたね〜!
途中ずっごくスゴいすっとばしてましたね〜
ふり返ると…。
うお〜豪壮じゃ〜
越後三山ばっちりだね!
山深さ添えとく〜
ドン!

mountain cabin

no. 24

金城山避難小屋

越後三山のそばに、裾野が狭く田んぼからどか～んと直立する金城《きんじょう》山がある。2016年秋、この山に国際山岳ガイドの篠原達郎さんと向かった。南側の高棚《こうだな》川右俣を遡行して尾根近くまでつめ、山頂直下の岩壁を登攀して頂に立とうっていう結構壮大な計画だったが、まさかの入渓地点前のヤブでの敗退。その金城山山頂直下に避難小屋がある。

現在の小屋は2代目。1990年、旧塩沢町と旧六日町（04年、05年にともに南魚沼市へ合併）と、当時の金城山観光協会が、登山者の安全のために建てたと思われるが、記録はない。96年の雪害で使用できなくなったため、その後南魚沼市が現在の2代目の小屋に建て替えた。小屋と周辺登山道の管理と整備は、市が地元の登山愛好家たちで構成された南魚沼市山岳遭難救助隊に委託して行なっている。

篠原さんと奥只見の岩場を登りに行った帰り、5年前敗退した金城山に寄っていこうと、今回再び向かった。

歩き始めの森の中では、ムッとする暑さと草いきれ。奥只見はまだまだ山菜の世界だったけれど、こちらの草はもうすっかり夏のような猛々しさだ。

DATA

所在地●新潟県中越地区、南魚沼市西部にある、金城山（1369m）の山頂直下鞍部（1360m）。南側登山口駐車場から、水無コース（下山禁止）を登り、4時間30分。小屋から山頂、兎平を経て滝入コースを周回して駐車場まで3時間

収容人数●10人

管理●通年無人、無料

水場●なし。持参すること。滝入コースでは沢水が汲める

トイレ●小屋内にあり

取材日●2021年6月10日

問合せ先●南魚沼市産業振興部商工観光課☎025-773-6665

急な登りが続き、二合目の表示を過ぎ岩尾根に出た。細い尾根を登っていくと、前を歩く篠原さんが振り返り「後ろに八海山《はっかい》が見えてきたよ」と。緑色の尾根の向こうに残雪が付いた山頂が見えていた。さらに登れば、ついで越後駒《えちごこま》ヶ岳や中《なか》ノ岳が姿を現わし、それは次々と姿を変えていく。真っ青な空が山々を取り囲み、山裾では田植えを待つ水を張った田んぼがきらきらと光っていた。

標高が上がると、登山道脇には雪渓が現われ、まるで季節が戻ったかのようだ。雪渓の脇にカタクリの花が見え、新緑の森には、コブシの白い花がハンカチのように揺れていた。

小屋に到着して一休み。窓にはまだ雪除けの板が取り付けられている。小屋ノートの脇に忘れ物らしき手帳が。う～ん気になる……。

小屋からすぐの山頂からは、巻機山《まきはた》がよく見え、その先で大岩壁がどかんと現われた。おおっ！ すごい迫力。途中はすっとばしたけど5年越しで来れたね～。あの時、考えなかったけど、この岩壁、御神体っぽくない？ 登っていいんかね。

小屋にあった手帳は、帰宅後、中に入っていた魚沼市立図書館の利用者カードの住所に送った。その後、図書館経由で持ち主のUさんに届けられたみたい。山と本が大好きなUさんから温かいお手紙をいただきました～。

MEMORIES

この5年前、篠原さん所蔵の古い沢登りトポを見て、壮大な計画を立て敗退。この頃からこの周辺の山に魅了されていったな～。壁は登れなかったけど金城山はやっぱり楽しい山だった。小屋で拾った手帳のUさん登ってるかな～。

mountain cabin

中部
佐渡

no.25 ドンデン避難小屋

2021.6.15

国際山岳ガイド篠原達郎さん企画の佐渡ツアー～!。
どーもよろしくね。
ドンデン避難小屋
佐渡島の北にある大佐渡山地。
檀特山 906
雪畑山 1003
金剛山 962
白瀬登山口
ドンデン池
尻立山 940
両津湾
新潟県佐渡市
石花川
マトネ
アオネバ十字路
アオネバ登山口
梅津川
イモリ平
金北山
神社
二の岳
役の行者
白雲台
ドンデン山荘
一緒に行った…。
みこママ
良さん
石谷さん
小宮山くん
あたし
サドッキー
じゃなくて
とっくん
島の某所でクライミングした後…。
小宮山くんは帰り…。
アオネバ登山口から登っていくと…セミすごい!
エゾハルゼミ
これですか。
これクロモジね
クロモジ
いいニオイやね
※くろもんじゃ＝クロモジ
しっとりとした森を歩き…。
金北山へ!
着いたらガスった…。
海見えてすてきね
わあっ。
加茂湖だぁ
翌日、ぱあ～っと開けた稜線から…。
尻立山を経て…。
金北山!
明日はあそこですね
そういえば…
ところでドンデン山ってどこにあるの?
知ってた?
ドンデン 尻立山 940m
ドンデン山ってこのあたりの高原一帯なりケロ。
ドンデン避難小屋で休んで…。

mountain cabin

no. 25

ドンデン避難小屋

初、佐渡島《さどがしま》！　国際山岳ガイドの篠原達郎さんが島内のクライミングを企画。ならば金《きん》北《ぽく》山縦走もしたいね〜！ってことに。
大佐渡山地真ん中のドンデン高原に避難小屋がある。元佐渡山岳会の藤井与嗣明さんにお話を聞いた。

1931年、東京高等師範学校付属中学校の学校登山で金北山に向かう際、遭難死亡事故があった。それを機に佐渡の山にも小屋が必要との声があがり、佐渡山岳会が佐渡汽船に要望書を提出。太平洋戦争の気運が高まっていた頃で、体力増強のため山に行く人が多かったようだ。当時の社長が資金を提供し小屋建設を決定。作業は、山岳会や集落の人、学生なども請け負った。落成は43年7月23日。名称は「タダラ峰厚生修練道場」。戦中っぽいね。

その後、維持・管理の関係で新潟県に譲渡されたが、老朽化により取り壊し、94年11月17日に県が現在の小屋を建設した。正式名称は「ドンデンセントラルロッジ」。給水施設もあり、当初はキャンプやレクリエーション施設として利用されることも多く、集落の商店が飲み物や薪などの販売もしていた。現在、小屋や周辺登山道の維持管理は、佐渡市の委託を受け、ドンデン

DATA

所在地●佐渡島北部にある大佐渡山地の中央付近、ドンデン池そばの平坦池（850m）。アオネバ登山口からアオネバ十字路経由、途中車道を歩き2時間30分。避難小屋からドンデン山荘（ドンデン高原ロッジ）までは40分
収容人数●30人
管理●通年無人、無料
水場●なし。持参すること
トイレ●使用不可
取材日●2021年6月12〜16日
問合せ先●ドンデン高原ロッジ自然リゾート☎0259-23-2161

山荘を運営する「ドンデン高原ロッジ自然リゾート」が行なっている。
島内で3日間クライミングをした翌朝、アオネバ登山口に。小宮山くんが帰ってメンバーは、篠原さんのほか、みこママ、良さん、石谷さん・とっくん母子、そして私。

沢沿いの登山道を登っていく。所々に咲く花の名前を石谷さんに教わった。途中車道をからめ、湿原脇を歩くと避難小屋に到着。お昼ごはんを食べてから、のんびりとドンデン山荘まで歩いた。ドンデン山荘のごはんがうまいって、楽しみにしてたんよ。ところでドンデン山ってどれじゃ？　と、この時誰も知らんかった。

ドンデン山荘の支配人、山田彰宏さんは、「佐渡の山は花を見に来る人がほとんど。でも花以外にもいっぱい魅力があるでしょ？」と話した。

次の日、樹林帯を1時間ほど歩いてマトネに到着。そこから小さなアップダウンを繰り返すと、ぱぁ～っと開けた稜線に出た。砂礫のザレの向こう、遠～くに金北山が。稜線左下に両津《りょうつ》港や加茂《かも》湖が見え、進んでいくと形を変えていく。緑色の田んぼがパッチワークのように周りを囲んでいる。

天狗の休み場で振り返り篠原さんが言った。「目の高さにドンデン山荘が見えますよ」。いつの間にかあんなに遠くに……。その向こうには金剛《こんごう》山までの山々が連なっていた。「来年は金剛山まで歩きたいね～」

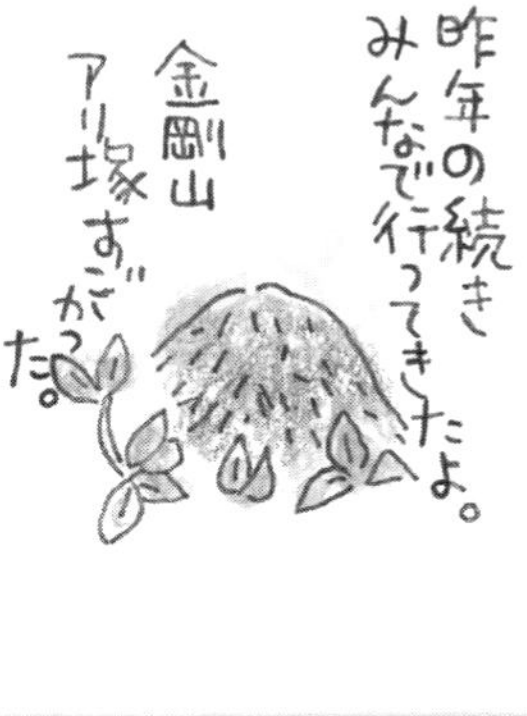
昨年の続き
みんなで行ってきたよ。
金剛山
アリ塚すごかったな

MEMORIES

両津の“おにcafe”で教わったくろもんじゃウィスキーは今も大好き。篠原さん、この翌年の6月に今度はみんなで反対側の金剛山まで歩こうねって話してましたね。行ってきたよ。金剛山の頂上で黒い蝶々がひらひら飛んでたよ。

no.26 須津山荘

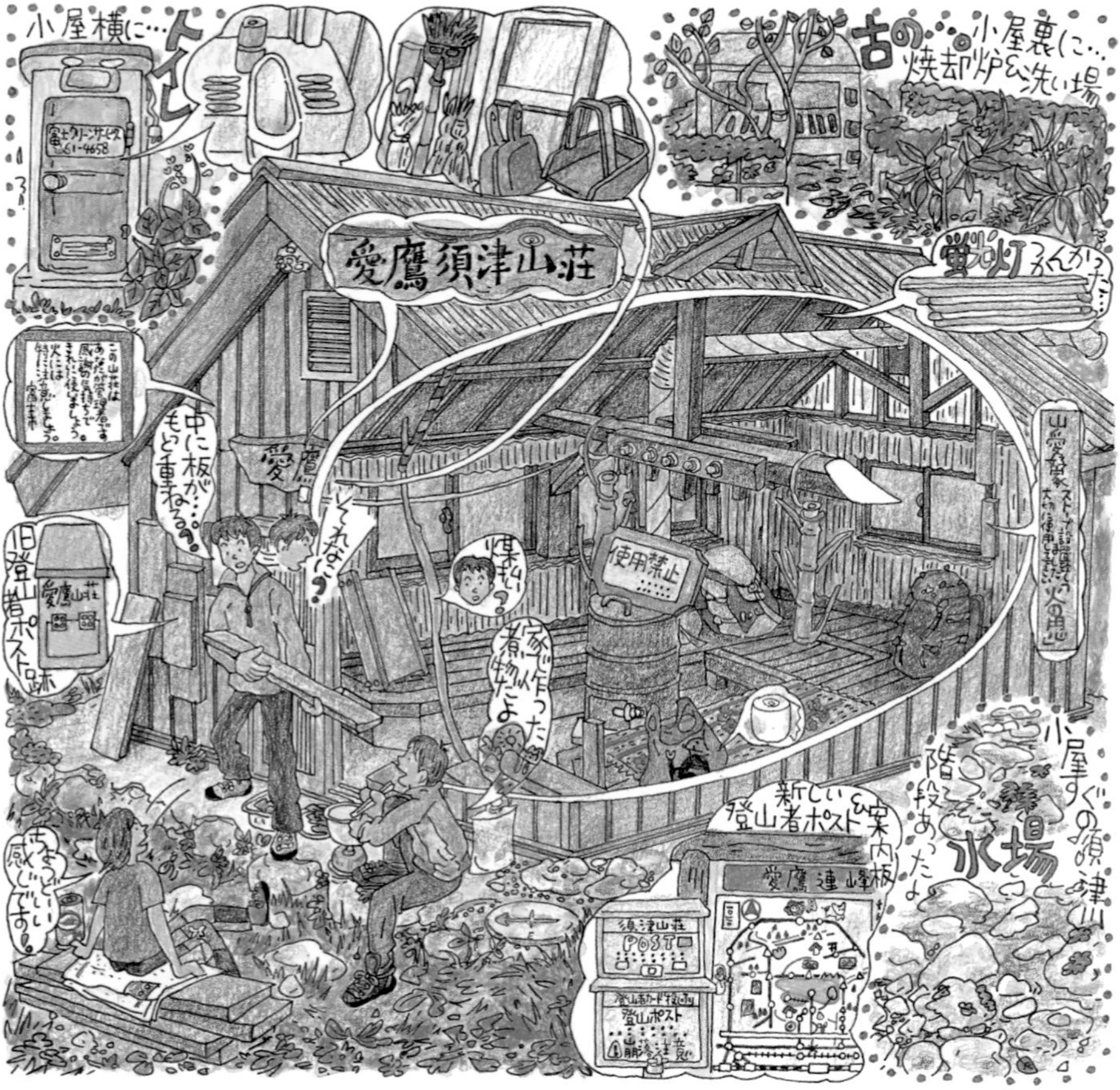

2021.5.9

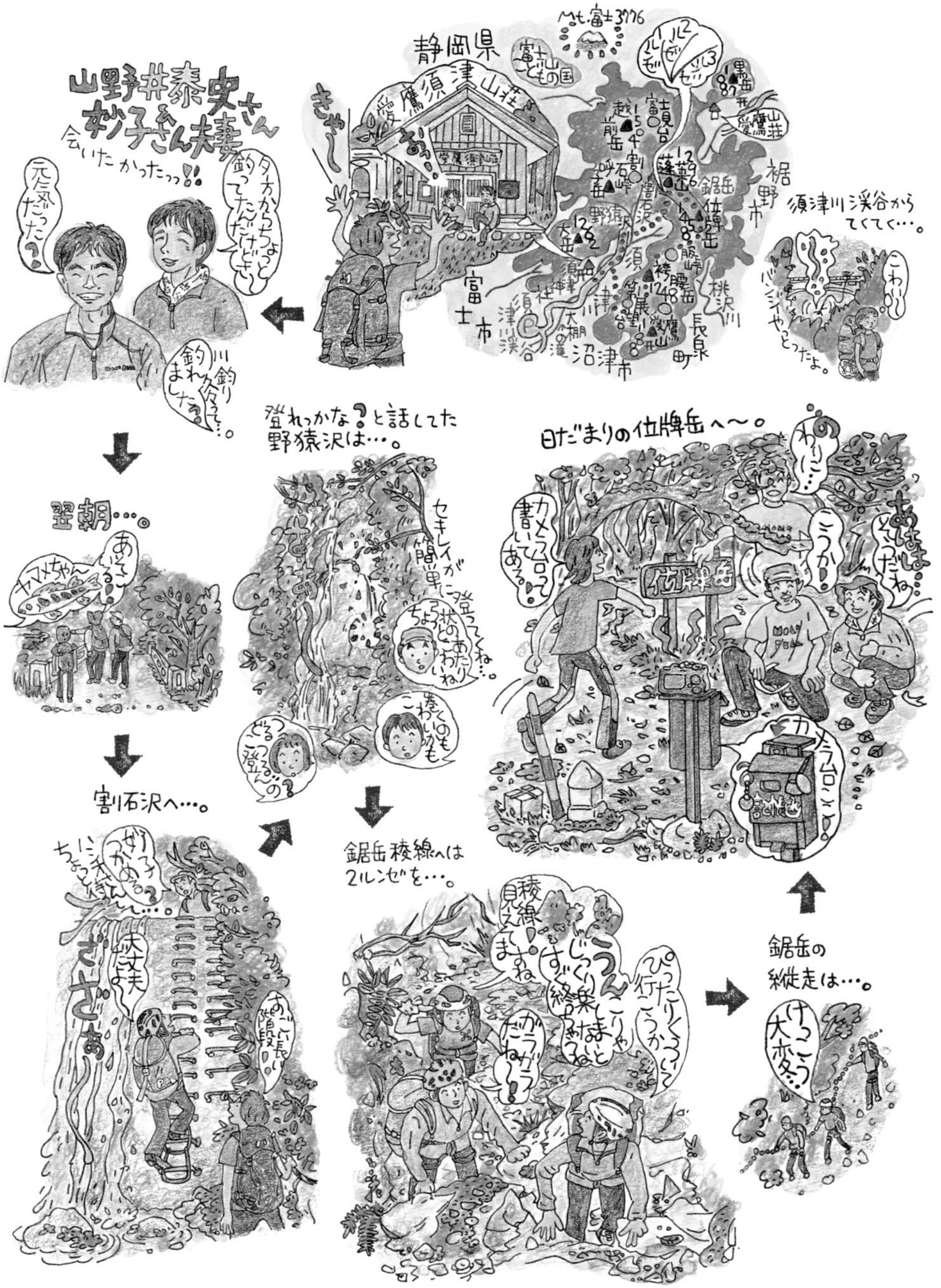
須津川渓谷から
てくてく…。
こわい
バンジーやっとったよ。
静岡県
Mt.富士3776
富士山こどもの国
愛鷹須津山荘
きゃし
おっっ
愛鷹山荘
越前岳 1504
富士見台
呼子岳
割石峠
蓬莱山 1296
鋸岳
位牌岳 1458
野猿沢
割石沢
大岳 1262
黒岳 1087
須津
桧
鋸
展望台
愛鷹山 1188
大棚の滝
須津川渓谷
富士市
沼津市
裾野市
長泉町
桃沢川
山野井泰史さん＆妙子さん夫妻
会いたかったっっ!!
元気だった？
夕方からちょっと釣ってたんだけどさ
川釣り父さって…。
釣れましたか？
翌朝…。
ヤマメちゃん
あそこにいるよ
割石沢へ…。
妙子さんにちょっと待ってて…。
つかめる？
ざざぁ
大丈夫よ〜
すごい長い階段
登れっかな？と話してた
野猿沢は…。
セキレイが簡単に登ってくね…。
ちょうど沢のあたりがいいね
こわいのかも
どうやって登るの？
鋸岳稜線へは
2ルンゼを…。
稜線見えてますね
うん じっくり楽しまないとすぐ終わっちゃうね
ゆっくりこうか
ぴったりくっついて行こうか
ガラガラだね〜
鋸岳の
縦走は…。
けっこう大変…
日だまりの位牌岳へ〜。
カメラ台って書いてある。
わりと…
こうか!
あはは そうだね…
カメラ台です

mountain cabin
no. 26

須津山荘

富士山の南にある愛鷹《あしたか》山。南面の須津《すど》川から割石《わりいし》峠に向かう沢沿いや、稜線に突き上げるルンゼがおもしろそう。最近、静岡方面に引っ越した山野井泰史さん&妙子さん夫妻と行くことにした。

須津川渓谷の奥の林道沿いに愛鷹山須津山荘がある。戦後1946年ごろ、「静岡山の仲間山岳会」により愛鷹山南面、須津沢沿いルートや鋸《のこぎり》岳に登路が確定された。その後第二次登山ブームが始まり、登山者が増えると、50年、旧須津村（現在の富士市東端部）により、無人の山小屋「三容荘」を建設。現在須津山荘のある場所のそばで、わずか5坪ほどの掘っ立て小屋だったが登山者には重宝された。52年には須津神社の拝殿が再建され、登山者に開放。59年、三容荘の老朽化に伴い、旧吉原市（66年富士市に合併）が須津神社そばに須津山荘を建設。現在の小屋は2代目。小屋と周辺登山道の管理は、富士市が行なっている。

山野井さん夫妻と、須津川沿いの野猿沢がおもしろそうだねと話したけど、資料がない上に、なかなか大変らしい。もう少し上流の1、2、3ルンゼから稜線に上がり、鋸岳を縦走しようと計画した。待ち合わせは、山荘で。

DATA

所在地●静岡県中部、愛鷹連山の大岳（1262m）の南西、須津川渓谷から須津川沿いの林道を1時間歩いた平坦地（520m）。小屋から須津川の割石沢に入り、1、2、3ルンゼ分岐まで2時間。分岐から2ルンゼを登り、鋸岳稜線まで1時間50分。割石沢や、第1、2、3ルンゼは、ガレ場が多く、通行に注意
収容人数●20人
管理●通年無人、無料
水場●小屋そばの須津川
トイレ●別棟にあり
取材日●2021年5月9～10日
問合せ先●富士市交流観光課☎0545-55-2777

「最近海釣りしかしてないんだ。先に行って釣っとくよ」

須津川渓谷から川沿いの林道を歩いていくと、須津神社があり、その先の須津山荘の前で、山野井さん夫妻が座ってお茶を飲んでいた。きゃ〜お久しぶり！　小屋前でごはんを食べて、新居の話を聞いた。広い畑があるんだって。「畑耕すのにもう3トンくらい石どけてるよ」って、めっちゃ大変そう！

翌日は野猿沢も見ながら、いちばん手頃な2ルンゼを登ろうと話した。

朝、鳥の声で目覚め、準備をして出発。林道からヤブに入り、大きな堰堤の手前でハーネスをつけ、沢靴に履き替えた。この先は沢混じりの登山道だ。進んでいくと左手に野猿沢が。けっこう悪そうだね〜。その先に大岩がありちょっとした広場になっていた。すげ〜いいキャンプ場！

割石峠への分岐から2ルンゼに。谷が深く、尾根は近くに見えるけど近づいてこない。ボロボロのルンゼの中を離れて歩いたり、またはぴったりくっついて歩いたりを繰り返した。でも空は近い。こりゃじっくり楽しまないとすぐ終わっちゃうよって山野井さん。

稜線からヤセ尾根、ハシゴや鎖場を歩き位《い》牌《はい》岳に到着。そこからは新緑の森の中を歩いた。

小屋に戻り、デポした荷物から山野井さんが取り出したお弁当箱。妙子さん手作りのお菓子かなんか？

MEMORIES

久々に山野井泰史さん、妙子さん夫妻に再会。「昨日昔からの友人のTBSの人が来てさ〜」って話してた。そう、武石浩明監督。名画『人生クライマー』はこの前日から始まったのだ！　畑の3tの石、武石さんも一緒にどけたって。

mountain cabin

中部

信州塩尻

no.27 霧訪山避難小屋

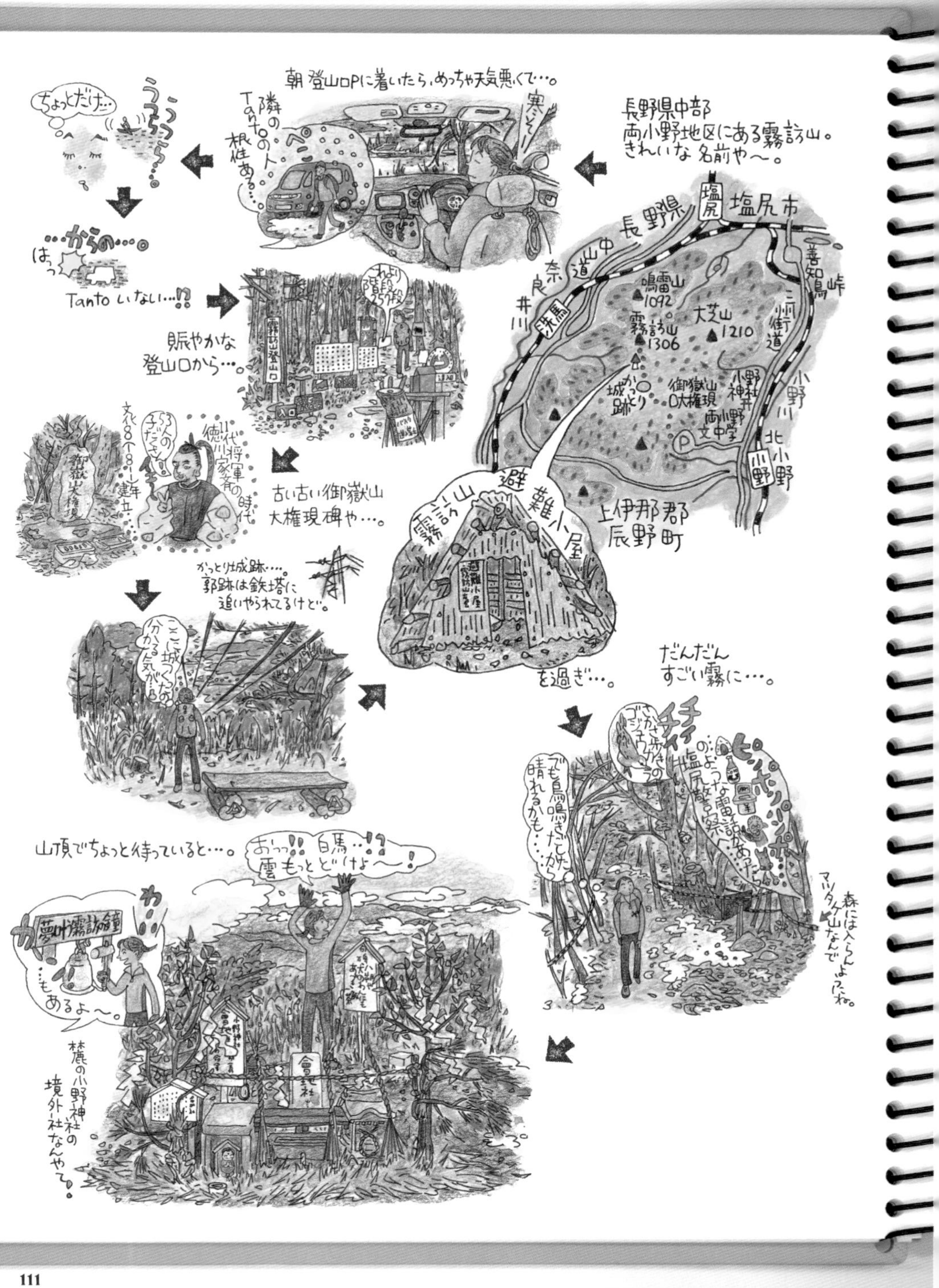
長野県中部
両小野地区にある霧訪山。
きれいな名前や～。
朝登山口Pに着いたら、めっちゃ天気悪くて…。
寒そ～
隣のTantoの人、根性ある……
ちょっとだけ…
うううらら…。
…からの…。
はっ
Tantoいない…!?
賑やかな登山口から…。
これより階段257段
霧訪山登山口
長野県
塩尻
塩尻市
中山道
奈良井川
洗馬
鳴雷山 1092
霧訪山 1306
大芝山 1210
かっとり城跡
御嶽山大権現
小野神社
両小野中学
善知鳥峠
三州街道
小野川
北小野
小野
上伊那郡辰野町
霧訪山避難小屋
53人の子だくさん!
11代将軍徳川家斉の時代
文化8(1811)年建立
古い古い御嶽山大権現碑や…。
かっとり城跡…。郭跡は鉄塔に追いやられてるけど。
ここに城つくったの分かる気がする…
を過ぎ…。
だんだんすごい霧に…。
チチイ
さかさ歩きのゴジュウカラ
でも鳥鳴きだしたから晴れるかも…
ピーポッパッポ…のような雷話が塩尻警察へあったら…
森には入らんようにね。マツタケ山なんで
山頂でちょっと待っていると…。
おおっ!! 白馬…!? 雲もっとどけよ～!
わっ
夢叶霧訪鐘
…もあるよ～。
麓の小野神社の境外社なんやて。

mountain cabin
no. 27

霧訪山避難小屋

霧《きり》訪《とう》山。なんと美しい名の山じゃ。音もなく立ちこめる霧が、やがて周囲を静寂の世界に変えていくような……。山頂からの展望がめっちゃいいと聞くこの山には、いつか行きたいと思っていた。登山道はいくつかあるが、塩尻市と辰野町にまたがる両小野地区から登るかっとりコースに、小さな小屋がある。

この山は、古くからマツタケ山として北小野財産区に管理されていた。小屋を建て、マツタケ取りの際に寝泊まりすることもあったが、１９９６年、霧訪山友会が小屋を譲り受けた。同会は地元の山好きの有志の会で、会員は現在10人。30年ほど前から年に3〜4回、登山道整備をしている。２０１８年には麓の両小野中学校「霧訪山クラブ」と共同で登山道に道標を立てた。

山友会会長の渡辺八郎さんにこの山の魅力を聞くと、標高がさほどでもない里山なのに、八ヶ岳、南アルプス、北アルプス、中央アルプスなど、これほど展望のよい山はないのでは、と話した。このあたりにあって見えないのは富士山だけだそうだ。花も多く、毎日登る人もいる。地元に愛されている山なのだ。

DATA

所在地●長野県中部、塩尻市北小野と辰野町小野からなる両小野地区。その西にある霧訪山（1306m）の山頂南東の登山道脇鞍部（1102m）。かっとり登山口駐車場から、御嶽大権現、かっとり城跡を経て40分。小屋から霧訪山山頂までは30分

収容人数●5人

管理●通年無人、無料

水場●なし。持参すること

トイレ●なし

山行日●2020年12月28日

問合せ先●塩尻市北小野支所☎0266-46-2029

前日八ヶ岳から下山し、朝、登山口の駐車場に着くと、雪が降り始めた。寒そうやな～、車から出たくない……。うとうとして目を覚ますと、青空が。地面の雪は消え、私とほぼ同時に到着し出発した登山者の車はなかった。もう帰ったの？　2時間も寝てたっ！

やや焦りながら出発。アカマツの林の中の階段を登っていく。マツタケ山なので、登山道脇にはトラロープや網が見える。「山頂まであと○○m」という道標が100mごとに立っている。

御嶽《おんたけ》山大権現碑から傾斜が緩み、かっとり城跡から麓を見下ろした。横に立つ鉄塔から麓に電線が延びている。カタコトと電車の音が聞こえてきた。

避難小屋脇のベンチで一休みした後、登っていくと霧が。おぉ霧訪山だけに？　霧が漂う森は、急にうっそうと幽玄な雰囲気に。と、コロナ詐欺注意喚起の塩尻警察署の放送が麓から聞こえ、ここが街から近いと思い出させた。

山頂には小野神社の境外社が祀られていた。霧は晴れてくれるやろか。静かな山頂で「夢叶う霧訪の鐘」を何度も鳴らした。やがて風が霧を払い、北アルプス、続いて南アルプスが。見えるとまた隠れ一喜一憂したが、昨日いた八ヶ岳方面は、とうとう見ることができなかった。

下山していると、かっとり城跡近くで登ってくる登山者が。天気よくなってきたね。まだ昼すぎか～。

MEMORIES

最近、佐藤泰明・真里夫妻と再訪。霧訪山～駒沢山～お上人岩～塩尻駅そばの平出遺跡まで。ヤブあり岩場あり仕上げに遺跡で遊ぼうって。下山後、道を間違えうろうろ。閉館間近の平出遺跡で1時間以上遊ばせてもらった。

mountain cabin

no.28

二の谷避難小屋

中部

小秀山

2021.2.2

御嶽山の南西、
阿寺山系最高峰の小秀山にある…。
高山市
濁河
飛騨川
岐阜県
下呂市
げろ
御前山 1646
継子岳 2859
御嶽山 3067
開田高原
長野県
木曽町
御岳高原
御岳湖
秀峰舎
小秀山 1982
兜岩
男滝
女滝
夫婦滝
乙女渓谷キャンプ場
舞台峠
中津川市加子母
奥三界岳 1811
木曽川
二の谷避難小屋
夫婦滝!
冬はマルチピッチアイスクライミングの
ゲレンデに〜。
男滝 25m+45m
女滝 20m+40m
登りに行ってみない!?
ここ!!
国際山岳ガイド 篠原達郎さん
行く行く?!!
乙女渓谷キャンプ場
東屋でパッキングして…。
はっくしょん
どしたの急に?
たぶんアレっす
木の回廊を歩き…。
見どころスポットあったでし!
乙女淵
ねじれ滝
和合の滝
昔は鼻が高かった?
天狗岩
長い長い木の回廊を…。
なんじゃこの長い階段はっ!!
あったかいね
こりゃ夫婦滝
難しいかもね…。
凍ってましぇ〜ん
着たほうがいいね
急に雪!!
それもけっこうな…。
と思ったら…。
あれ?
これって…
夏にもこんなことあったど…。
小屋から滝の下見へ…。
夫婦滝…ありゃ〜
きれいやったけど…。
女滝も…。
デブリの下くぐって
右側から入って
シャワー浴びながら
海パンで登るか!?
海パン持ってませんよ…

mountain cabin

no. 28

二の谷避難小屋

国際山岳ガイドの篠原達郎さんが、小秀《こひで》山の夫婦《めおと》滝に行こうかと誘ってくれた。男滝と女滝からなる夫婦滝は落差60〜70mほどで、冬にはマルチピッチのアイスクライミングが楽しめる。初日は滝近くの避難小屋に入って滝の下見をし、2日目に滝を登攀、3日目に山頂を往復して下山しようと計画した。

「二《に》の谷《たに》避難小屋」と書いたが、今回泊まった小屋には名称がなく、通称「小秀山登山道二の谷ルートの避難小屋」と呼ばれている。加子母《かしも》のヒノキなどを使った、とてもきれいな小屋だ。

現在の小屋は2代目。1962年から旧加子母村（2005年中津川市に編入）によって乙女渓周辺登山道の開発が進められ、その際、現場周辺の木材を使った初代の小屋が建てられた。老朽化により、昭和の終わりごろに倒壊した。

00年から岐阜県が自然に触れ合う休養施設として「生活環境保全林・乙女渓谷の森」の再開発を開始。登山道や遊歩道、避難小屋を整備し、05年に完成。06年4月18日に開園され、管理を中津川市に移管した。現在、小屋と周

DATA

所在地●御嶽山の南西麓にある阿寺山系の最高峰、小秀山（1982m）山頂南西の二の谷沿い平坦部（1125m）。乙女渓谷キャンプ場から1時間30分。小屋から夫婦滝まで30分。夫婦滝から山頂までは3時間10分。

収容人数●10人

管理●通年無人、無料。乙女渓谷登山口で駐車場料金を支払う（500円）

水場●小屋裏、二の谷で汲める

トイレ●なし

取材日●2021年2月2〜3日

問合せ先●中津川市加子母総合事務所☎0573-79-2111

辺登山道の管理は、地元の中津川市加子母総合事務所が行なっている。

乙女渓谷キャンプ場の東屋《あずまや》で準備をして歩き始めた。谷沿いに木の桟橋がつけられ、それが延々と続いている。壮観な眺めに「へ〜」と声が出たが、2泊分の宿泊道具に加えて、アックスやスクリューなどの登攀用具も背負い、かなりの大荷物。大汗をかきながらゆっくりゆっくり歩いた。

桟橋上の雪は少しずつ多くなる。その脇の雪をかぶった岩の下で、深く青い谷が流れている。乙女淵、ねじれ滝、和合の滝……聞こえてくるのは水の音だけ……幽玄だ〜。……え〜っと。っていうかさ……と思ったとき、篠原さんが振り返ってこう言った。「きれいだけどさ、全然凍ってないね。こりゃ夫婦滝、無理かもね」。私も同じこと考えてた！

小屋に荷物を置いて夫婦滝へ。少し歩くと桟橋が終わり、雪の登山道になる。やがて、木々の向こうに男滝が。黒い岩肌の中に白く輝く一条の美しい氷。そしてその真ん中を、音を立てながら流れ落ちる水。ありゃりゃ〜。

気を取り直して右奥にある女滝へ。スラブっぽい岩肌を、こちらもサーッと音を立てながら水が流れ落ちている。こっちのほうがもっと話にならんね。

後日、加子母総合事務所の観光課・梅田さんに聞くと、毎年2月中旬までは登れるそうだが、21年は1月に降った雨で溶けてしまったそうだ。え？　山頂へは行かなかったのかって？

MEMORIES

ざあざあ流れる二の谷の横を、重いギア担いでアプローチ。可能性なさそ〜。篠原さん「今日中にドライで山頂まで抜けて明日乗鞍の三本槍の氷登る？」って。直前に解けた氷、その後の寒気でばっちり氷結したって。大ショック！

mountain cabin

中部

伊吹山地

no.29 池田山避難小屋

2022.4.3

しとしと雨の
桜満開の霞間ヶ渓公園から・・・。
一般登山道をそれる道しるべがあって・・・。
小僧ヶ滝まで 約750m
池田山避難小屋
伊吹山の東北東、そのあたりで一番大きい池田山。
揖斐川町
岐阜県池田町
粕川
大津谷
杭瀬川
池田山
池田の森
焼石神社
霞間ヶ渓
小僧ヶ滝
関ヶ原町
森の駅
池田温泉
Mt.伊吹
滑らんようにね!
登山道整備の人たちが・・・!
小僧ヶ滝を見たあと・・・。
途中えらい急登やったけど・・・。
登山道に戻ると、ベンチなんかあって・・・。
ツイー
昨日クライミングジムで篠原達郎ガイドに。
これ食えなかったよ。明日の山で食べろ。
あんがと～
ヤマガラ
に誘われ、滝右岸を登っていくと・・・。
山頂には、大っきな展望台あったぞ!
おおっ! なんも見えん・・・
伊吹山とかさ。
帽子?
車道と森歩きをからめながら・・・。

mountain cabin

no. 29

池田山避難小屋

ぱたぱたとフロントガラスに雨が……。ちょっとへコみながら登山口の霞間《かま》ヶ渓《たに》に近付くと、ピンクの桜のトンネルのその先にもまた見事な桜の森。たくさんの人がその桜を見に来ていた。コロナで規模を縮小してはいるが、桜祭りが開催されているようだ。

伊吹《いぶき》山地にある池田《いけだ》山は、麓から山頂付近までを「池田の森」として整備され、東海自然歩道を利用して登ることができる。山頂近くの池田の森公園に避難小屋がある。

１９７９～81年、岐阜県の補助を受け、池田町がこの山を生活環境保全林として整備。その後登山者が増えたこともあり、88年に避難小屋を建設。近くにあるきれいなトイレは、２０１９年3月に改築した。小屋や登山道の管理・整備は、池田町が行なっている。電気もつくログハウス調のかわいらしい小屋だが、「最近、落書きが多いですね」と池田町役場の産業課・遠藤さんが嘆いていた。

傘を差してゆっくりと登り始めた。この登山道はとても歩きやすい。桜の森が終わると獣よけの柵があり、扉を開けて少し登れば「小僧ヶ滝まで

DATA

所在地●伊吹山地伊吹山（1377m）のほぼ東北東にある池田山（924m）の山頂東1.8km地点、池田の森内。山麓の霞間ヶ渓から、登山道と車道をからめながら2時間。今回は、小僧ヶ滝経由のプチバリエーションルート（?）を歩いた。小屋から山頂までは1時間

収容人数●10人

管理●通年無人、無料

水場●なし。持参すること

トイレ●別棟にあり

取材日●2022年4月3日

問合せ先●岐阜県揖斐郡池田町役場産業課☎0585-45-3111

７５０ｍ」の枝道の表示。そちらに向かうと、登山道整備をしている人がいた。地元の方で、「雪でやられたんで直すまいってことで」と言った。

滝は森の中で静かに落ちていた。滝の右岸に赤テープが見える。来た登山道を戻るのはおっくうだし、そちらを歩いてみることにした。やや新しそうな登山道は、滝の上流で沢を渡ったあたりからあやしくなってきた。テープもない。GPSを頼りに、ひーひー言いながら植林の急斜面を登っていくと、歩きやすい登山道に合流した。ほっ。女の子だけの傘を差した3人グループ、手ぶらのカップル、トレラン外国人……。平和だ～。ベンチもある。そういや昨日、国際山岳ガイドの篠原達郎さんと久々にクライミングジムに行ったときにもらったパンがあった。それ食べよかな。今日何してるかな～。

登っていくと車道に出た。その先、森の中と車道をからめながら歩いて、焼石神社の先の避難小屋へ。雨で見えなかったけど、この付近は有名な夜景スポットだそうで、パラグライダー発進スポットもある。

山頂手前で、山小屋「森の駅」前から「教養の森」を歩けば山頂。山頂にはまだ雪が残り、大きな展望台があった。なんも見えんなー。

下山途中、教養の森入り口に布袋さんの像があるのに気づいたよ。

私の体を撫でると幸運がやってくるかもって。

MEMORIES

この日、登山口の霞間ヶ渓公園では桜まつりが開催中で、雨なのにすごい人。公園を抜けると静かになった。この山、パラグライダーやハンググライダーもできる人気の山。車で来られるせいか、避難小屋内の落書きはダントツ！

mountain cabin

中部
養老山地

no.30 津屋避難小屋

2018.11.4

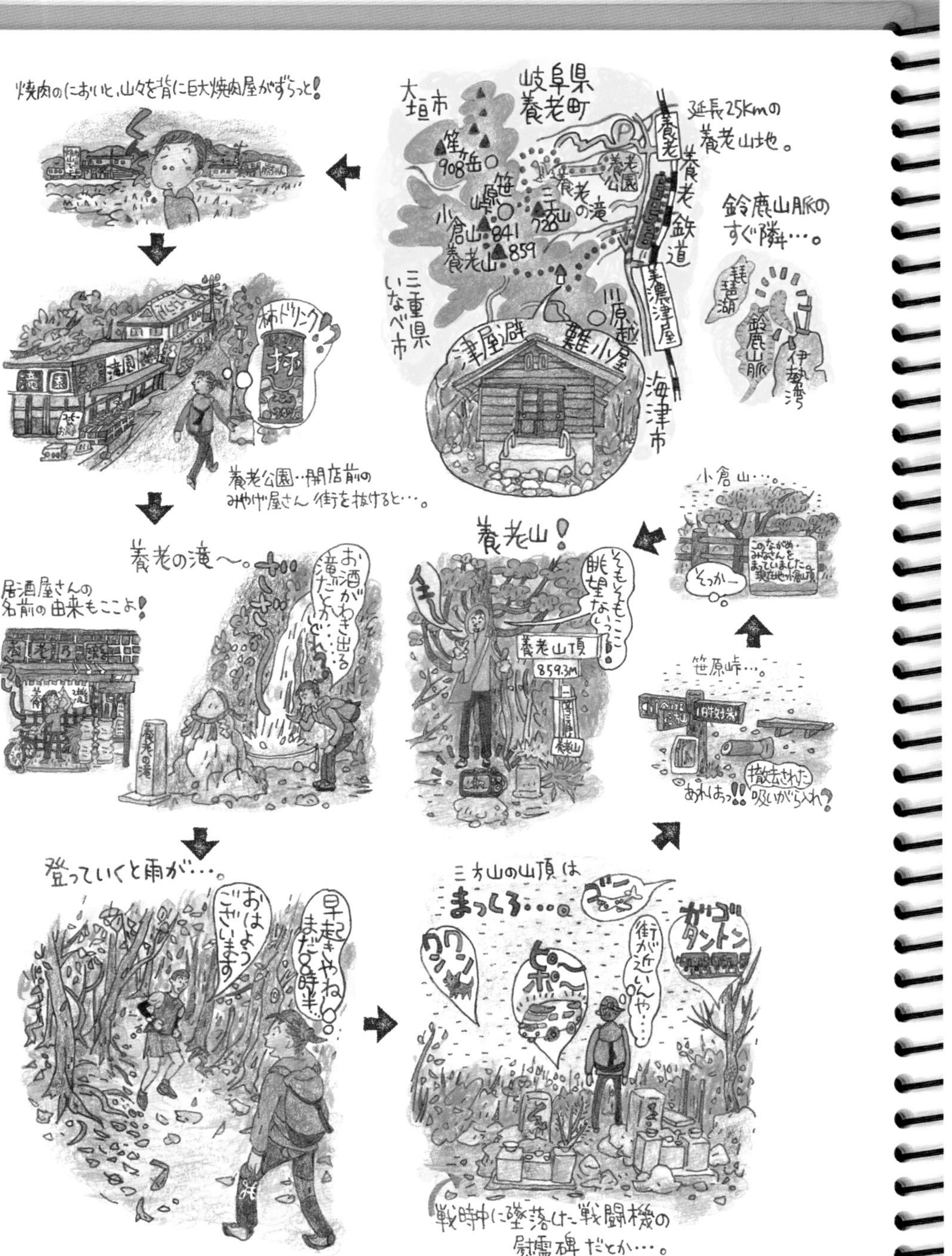
焼肉のにおいと、山々を背に巨大焼肉屋がずらっと!
岐阜県
養老町
大垣市
笙ヶ岳 908
笹原峠
小倉山 841
三方山 720
養老山 859
養老の滝
養老公園
養老鉄道
美濃津屋
川原越
三重県いなべ市
津屋避難小屋
海津市
延長25kmの養老山地。
鈴鹿山脈のすぐ隣…。
琵琶湖
鈴鹿山脈
伊勢湾
柿ドリンク
養老公園…開店前のみやげ屋さん街を抜けると…。
養老の滝〜。
居酒屋さんの名前の由来もここよ!
お酒がわき出る滝だとか…どれ…
養老の滝
養老山!
そもそもここ眺望ないっ!!
養老山頂
859.3M
小倉山…。
このながめ、みなさんをまっていました。
そっかー
笹原峠…。
旧牧場
あれはっ!!
撤去された吸いがら入れ?
登っていくと雨が…。
おはようございます
早起きやねぇ。まだ8時半。
三方山の山頂は
まっくろ…。
ワンワン
ピーポー
街が近いんや…
ダントン
戦時中に墜落した戦闘機の慰霊碑だとか…。

mountain cabin
no. 30

津屋避難小屋

養《よう》老《ろう》山地は小さな山の連なりで市街地に近い。地図を見て、ここに避難小屋があるのに驚いた。近くの鈴鹿《すずか》の山には何度も行ったけれど、この山域は初めてだ。

津屋《つや》避難小屋は、1988年12月、岐阜県が建設した。小屋建設の経緯ははっきりしないが、おそらく73年に東海自然歩道が完成し、養老の滝をはじめとする付近の山麓を歩く人が増え、標高が高くないこの山域にも登山者が増えたことが関係しているだろう。岐阜県の大垣市から海津市までの全行程を歩くと25kmあるので、登山者の安全を考え設置したらしい。

管理は、岐阜県から委託された海津市が行なっており、地元の業者にお願いしてパトロールや除草のほか、指導標や誘導標の設置などをしている。

夜、麓に到着し車を降りると、かぐわしい焼肉の香りが。このあたり、養老焼肉街道と呼ばれているようだ。

養老公園入り口から開店前のみやげもの屋街を歩き、滝谷沿いの遊歩道を登ると、養老の滝に到着。居酒屋チェーン店の「養老乃瀧」を先に知っているので、「あ〜、ほんまもんの養老の滝！」と思ったが、この滝には親孝行

DATA

所在地●岐阜県最南部、三重県との県境にある養老山地の中ほど、養老山（859m）から北東に約2km歩いた稜上鞍部（800m）にある。北側の養老公園から、養老の滝、三方山、笹原峠、養老山経由で3時間30分。小屋から東の県道56号線登山口までは1時間30分ほど
収容人数●10人
管理●通年無人、無料
水場●なし。養老公園内駐車場で汲める
トイレ●なし
取材日●2018年11月4日
問合せ先●岐阜県環境生活部環境企画課☎058-272-8231

の伝説があって、居酒屋さんの名前の由来もこの滝からとか。

少し登ると滝駐車場があり、滝を見にきた人とちらほらすれ違った。高齢のご夫婦が、「こんなえらい階段、二度と来れんね」と話し、下っていく。

登り始めてすぐ雨が落ちてきた。登山道には木の階段がつけられ、所々あるベンチのそばに、赤く塗られた土管が転がっている。昭和30（1955）年代、当時の環境庁が吸いがら入れとして設置したもののようだ。

稜線に出ると、向かいからトレイルランニング中の男性がやってきた。朝早いのにどこから登ってきたのだろう。

雨が強くなり、三方《さんぼう》山の山頂は真っ白。霧の中から、街の音が聞こえてきて、市街地が近いことを思い出す。ここからは濃尾平野が見渡せるようだ。地図には、揖斐《いび》川までびっしりと水路が描かれている。その向こうに恵那《えな》山や伊吹《いぶき》山が見えるんやろな〜。

笹原《ささはら》峠、小倉《おぐら》山も雨の中。小さな鳥の声に混じるササササ〜という音に振り向くと、小さなイタチが走り去った。

養老山の山頂はもともと眺望がない。一休みしたあと、小屋に向かった。傾斜のない登山道は古道の趣があり、びっしりと敷き詰められた枯れ葉が木々の緑に映える。そして所々「歩行中禁煙」の看板のほかに……。

MEMORIES

これ書いたあと、編集部の神谷くんから「養老駅そばの養老天命反転地って行きました？」って。検索したら、めっちゃ楽しそう。もったいないことした。神谷くん「10年くらい前から行きたかった」って言ってたね。その後行った？

mountain cabin

日本アルプス

乗鞍

no.31 奥千町避難小屋

2021.8.26

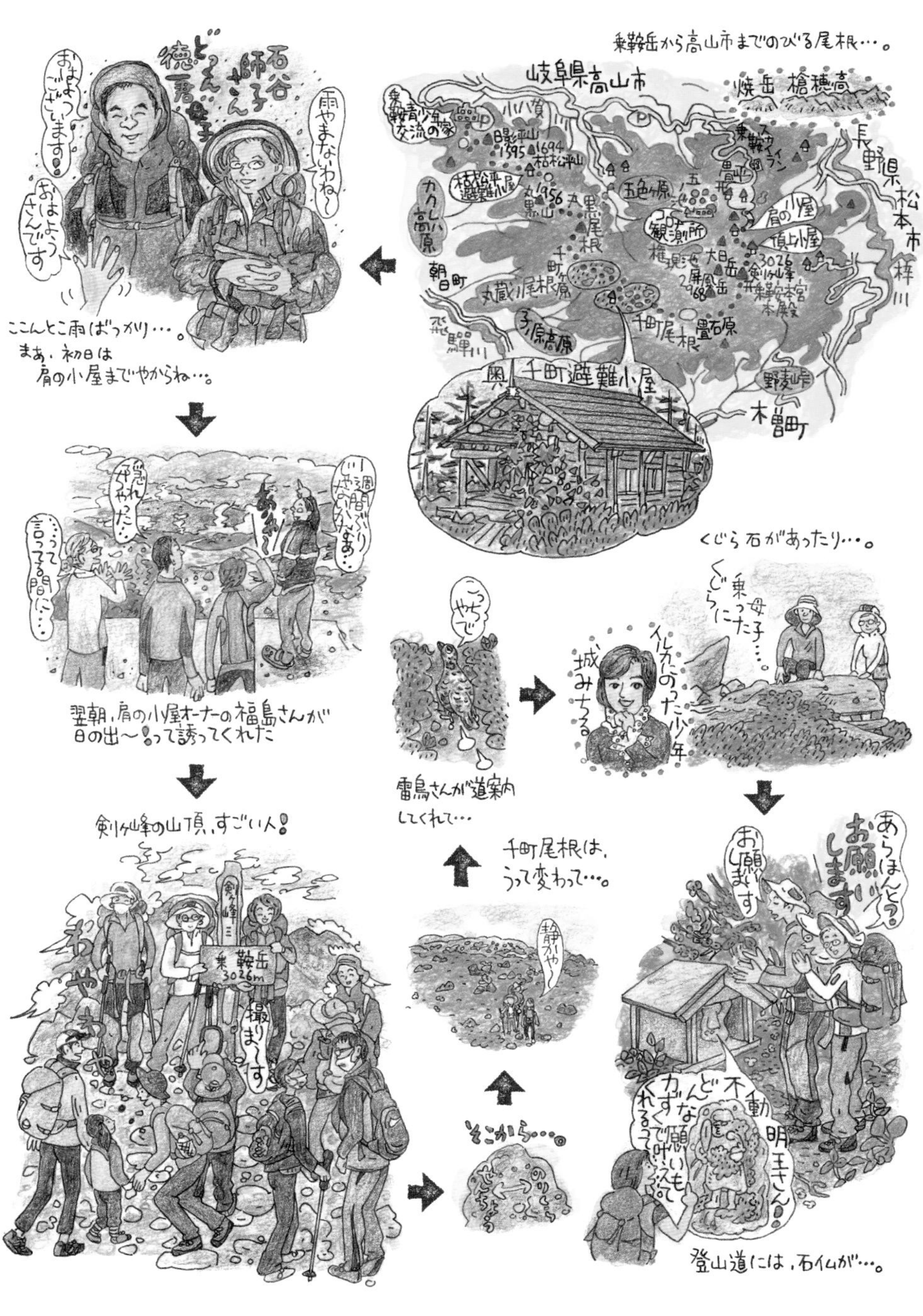
乗鞍岳から高山市までのびる尾根…。
岐阜県高山市
焼岳 槍穂高
長野県松本市
梓川
乗鞍青少年交流の家
小八賀
日影平山 1595
1694 枯松平山
枯松平避難小屋
カクレハ高原
1956 丸黒山
黒尾根
五色ヶ原
コロナ観測所
肩の小屋
頂上小屋
権現池
大日岳
3026 剣ヶ峰
乗鞍本宮本殿
屏風岳
朝日町
千町尾根
畳石原
子ノ原高原
飛騨川
野麦峠
木曽町
奥千町避難小屋
石谷師子さん
おはようございます♪
雨やまないわね〜
おはようさんです
ここんとこ雨ばっかり…。
まあ、初日は肩の小屋までやからね…。
隠れちゃった…
1週間ぶりやなかったかなあ…
…って言ってる間に…
翌朝、肩の小屋オーナーの福島さんが日の出〜♪って誘ってくれた
剣ヶ峰の山頂、すごい人♪
乗鞍岳 3026m
撮りま〜す
そこから…。
千町尾根は、うって変わって…。
静かや〜
こっちやで
雷鳥さんが道案内してくれて…
くじら石があったり…。
くじらに乗った母子…
イルカにのった少年
城みちる
あらほんと？お願いします
お願いします
不動明王さん♪
どんな願いもかなえてくれるんですって
登山道には、石仏が…。

mountain cabin

no. 31

奥千町避難小屋

ちょこちょこ山行のお供をさせてもらっている石谷師子さんから「乗鞍《のりくら》から高山に抜ける尾根、ヤブで大変みたいだけど、ガイドお願いできる？　途中にある避難小屋にも泊まってみたい」とのお電話。乗鞍といえば比較的すぐに登れる百名山で、人がいっぱいのイメージ。正直そんなヤブ尾根や避難小屋があるってことも知らなかった。剣《けん》ヶ峰《みね》から西に延びる千町《せんちょう》尾根の途中に小屋がある。

1895（明治28）年、旧朝日村青屋《あおや》地区（現高山市朝日町青屋）に住む上牧太郎之助が、朝日村から乗鞍岳剣ヶ峰への登山道を拓くことを決意。約20kmの登山道を仲間とともに約4年がかりで切り拓いた。今の九蔵《くぞう》ノ尾根だ。それにより登山者が増えたこともあり、安全祈願を込めて剣ヶ峰西の大日岳までに88カ所に石仏を安置し終えたのは1933（昭和8）年。その後地元山岳会に呼びかけ、34年11月に初代避難小屋を建設。今より広く、2階建ての小屋だったようだ。火事によって一時消失したが、99年、高山市が2代目の小屋を建てた。現在、小屋と周辺登山道の整備・管理は、麓の高山市朝日支所が行なっている。

DATA

所在地●乗鞍岳剣ヶ峰（3026m）西3.5kmの奥千町湿原付近の鞍部（2370m）。乗鞍岳畳平バス停から、肩の小屋に宿泊し、剣ヶ峰から西に延びる千町尾根を歩いて4時間（ヤブの状態により変わる）
収容人数●10人
管理●通年無人、無料
水場●なし。持参すること
トイレ●小屋内にあり
取材日●2021年8月25〜27日
問合せ先●高山市朝日支所基盤産業課☎0577-55-3311

最初に計画した2020年の夏は、大雨のため乗鞍スカイラインが閉鎖。1年待って行くことにした。石谷さんの息子とっくんこと徳一くんももちろん一緒だ。下山口の高山の乗鞍青少年交流の家に車を1台回してから出発。ずっと天気が悪くて、この日も畳平《たたみだいら》から肩《かた》の小屋まで雨具を着て歩いた。

翌朝、小屋オーナーの福島さんが「ご来光ですよ」と起こしてくれた。「一週間ぶりじゃないかなぁ～」と、一瞬見えた日の出は、あっという間に隠れた。それでも歩き始めると天気が回復。久しぶりの太陽だ！ 剣ヶ峰手前の頂上小屋で一休み。とっくんが「抹茶ミルクにする」と売店に向かった。障碍のあるとっくんが、自分からこんなことを言えるようになったのはここ最近なんだとか。

剣ヶ峰の山頂は思った以上にすごい人。写真を撮ってもらい、混み合う山頂から一歩千町尾根方面に向かうと、うそみたいに静かな世界が広がった。青い空をバックに広がるお花畑。その花を石谷さんが教えてくれた。途中置かれている石仏に、石谷さんととっくんは、ひとつひとつ丁寧に手を合わせている。ハイマツ帯で、一羽のライチョウがずっと登山道を先導していく。「登山道のほうが歩きやすいのよ」と石谷さん。やっぱりそうか～。

登山道は次第にヤブが濃くなる。ヤブこぎでボロボロになりかけ、小屋に着いたときはうれしかったな～。

小屋の夜は更けて・・・。
巨人広島の
17回戦を…

MEMORIES

小屋で石谷さんと話した。約10年前から一緒に山に行き始め、とっくんは変わったのだとか。命にかかわること、必ずしなければならないことを繰り返し言い聞かせるうち、少しずつ理解していったそうだ。

mountain cabin

no.32 枯松平休憩所

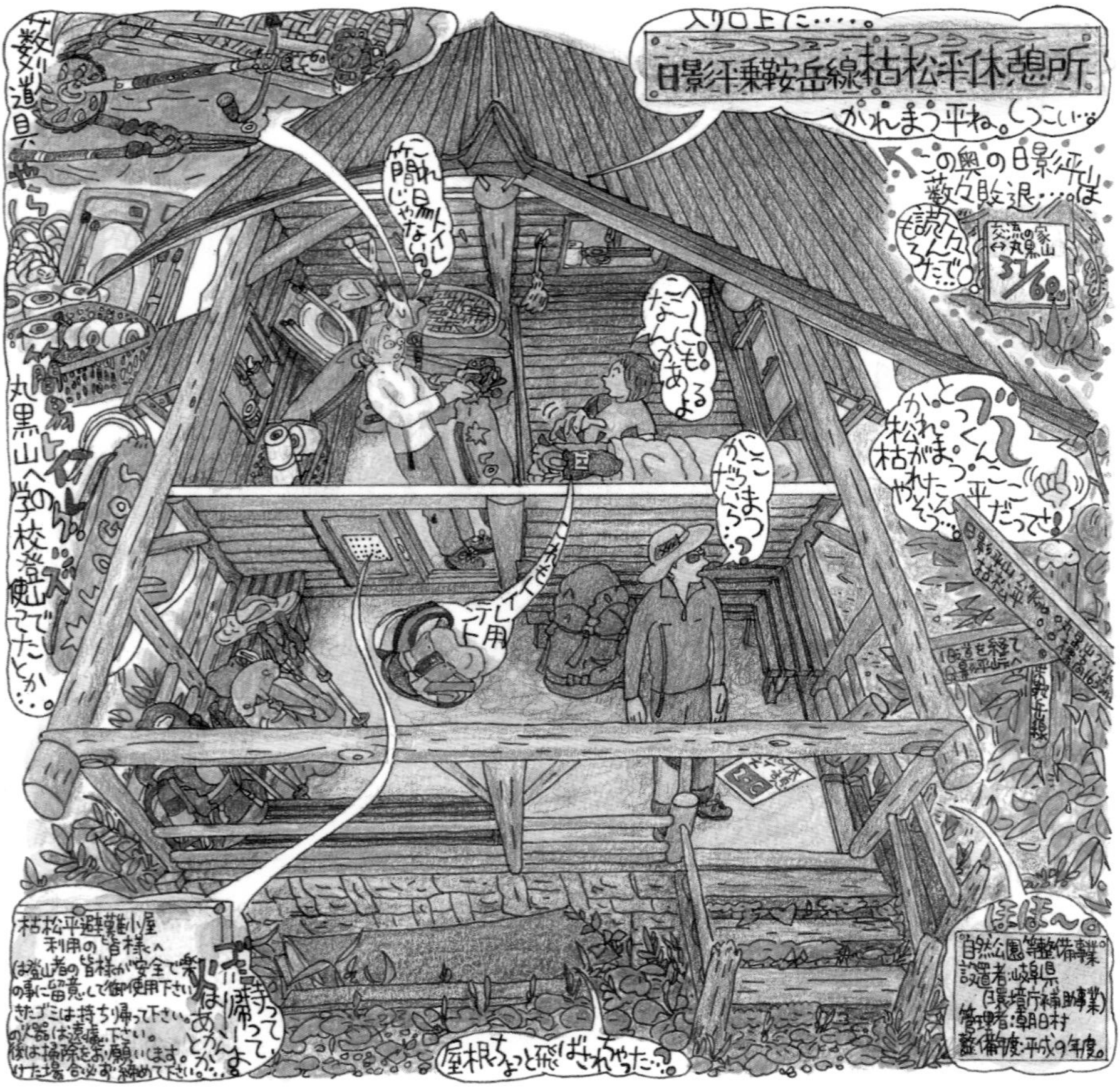

2021.8.26

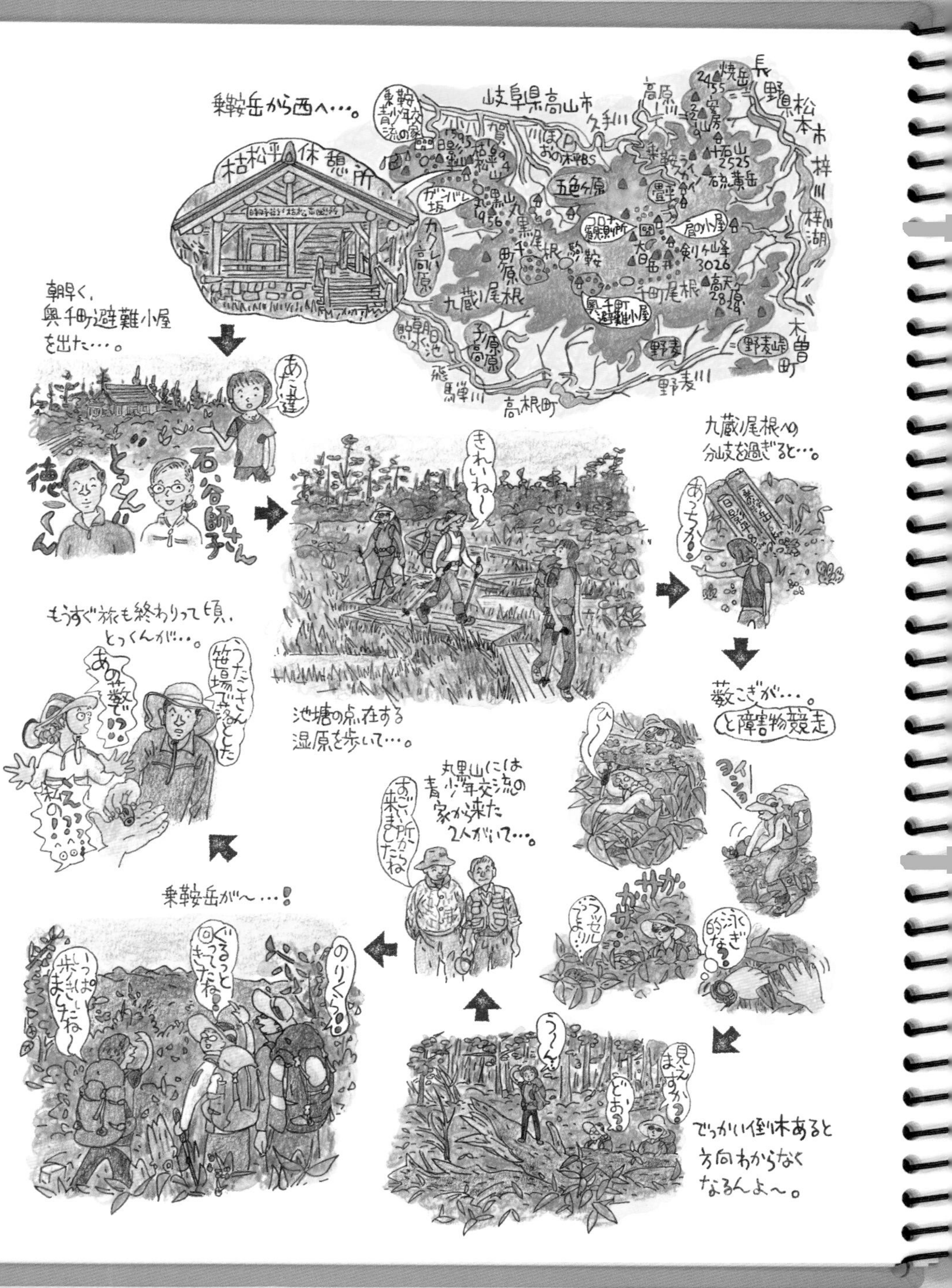
乗鞍岳から西へ…。
岐阜県高山市
枯松平休憩所
五色ヶ原
長野県松本市
梓川
梓湖
焼岳 2455
畳平
剣ヶ峰 3026
千町尾根
九蔵ノ尾根
カクレ高原
奥千町避難小屋
肩ノ小屋
高天ヶ原 2829
野麦峠
野麦
野麦川
木曽町
高根町
朝早く、奥千町避難小屋を出た…。
あたし達
とっくん
徳くん
石谷師子さん
きれいね〜
池塘の点在する湿原を歩いて…。
九蔵ノ尾根への分岐を過ぎると…。
あっちか？
藪こぎが…。
と障害物競走
ひ〜
ヨイショ
丸黒山には青少年交流の家から来た2人がいて…。
すごい所から来ましたね
でっかい倒木あると方向わからなくなるんよ〜。
う〜ん
見えますか？
どお？
乗鞍岳が〜…！
のりくらだ！
ぐるっと回ってきたね
いっぱい歩いたね〜
もうすぐ旅も終わりって頃、とっくんが…。
うたこさん笹藪で落とした
あの藪で？！
え〜私の！？

mountain cabin

no. 32

枯松平休憩所

石谷師子さん・とっくんこと徳一くん母子との、乗鞍岳《のりくら》から千町《せんちょう》尾根と丸黒《まるくろ》尾根を歩いて高山市の青少年交流の家までの旅の続き。1日目は畳平《たたみだいら》近くの肩《かた》の小屋に泊まり、2日目、剣《けん》ヶ峰《みね》から千町尾根を歩いて奥千町《おくせんちょう》避難小屋まで。3日目の早朝、出発した。丸黒山の先からいったん下った枯松平《かれまつだいら》に小屋がある。

1934年に乗鞍岳が中部山岳国立公園に指定され、岐阜県が77〜79年および85年に日影平《ひかげだいら》乗鞍岳線歩道の登山道を開設。92〜94年に、湿原の保護や登山者の便宜を図るため、標識を設置し直すなどの登山道の再整備をして、97年度、国の保助を受け岐阜県が小屋を建設した。75年に開所された青少年交流の家では、当時丸黒山までの学校登山がよく実施されており、とても便利な中継地点となったようだ。現在、小屋と周辺登山道の管理は、岐阜県の委託を受け、麓の高山市役所朝日支所が行なっている。

奥千町の小屋から千町ヶ原の広大な湿原に入るころ、森の木々の上から暖かい太陽の光が差し始めた。湿原を覆うワタスゲや小さな植物の色が、目覚めていくかのように濃くなり、池塘が青く輝き始めた。石谷さんが「きれい

DATA

所在地●乗鞍岳剣ヶ峰（3026m）から、岐阜県高山市の乗鞍青少年交流の家に抜ける登山道途中、丸黒山(1956m)南西1.5kmの枯松平（1635m）。乗鞍岳畳平から、剣ヶ峰、奥千町避難小屋、丸黒山を経て2泊3日。青少年交流の家までは日影平山を経て2時間
収容人数●10人
管理●通年無人、無料
水場●なし。持参すること
トイレ●なし
取材日●2021年8月25〜27日
問合せ先●高山市朝日支所基盤産業課☎0577-55-3311

ね〜」とため息をもらす。

九蔵《くぞう》ノ尾根への分岐を過ぎると、針葉樹の森にはササヤブが現われ、それはどんどん密度を増し、踏み跡があやしくなってきた。ササは時には背を越す高さとなり、かき分けながら進んだ。登山道を倒木が遮り、踏み越えたりくぐったり、まるで3人で障害物競走をしているかのよう。大きな倒木周りには、いろいろな方向からトライした踏み跡があり、進む方向がわからなくなってしまう。あ〜早く脱出したい！「山と高原地図」を見ると、丸黒山近くでササは勢力を落とすのかなと考えていたが、甘かった。モーレツなササの根本では、時折色鮮やかなキノコや、昼寝をする巨大ナメクジに遭遇。それぞれの営みがあって私たちは完全にヨソモノだ。3人でボロボロになりながら、ようやくササを抜け出し丸黒山の山頂に到着。青少年交流の家から登ってきた2人の男性が目を真ん丸にして、「すごいところから現われたね」と。山頂からは梢の奥に乗鞍岳が夏の日差しに輝いていた。

丸黒山から「ガンバレ坂」の急坂を下ったところで休憩。とっくんが「うたこさん、笹場で落とした」と、何食わぬ顔でストックのキャップを手渡した。と、と、とっくん、あのササの中で？

小屋に寄り、枯松平山に向かったが、丸黒尾根以上のササヤブに阻まれて撤退。最後に日影平山に登り、そろそろ旅も終わりと下っていくと……。

MEMORIES

石谷さんはいろいろな山に行っていて私が知らない場所も「ここ連れてって」と誘ってくれた。ここもそう。肩の小屋でのご来光がちょっとしか見られず、オーナーの福島さんが「リベンジ券」くれたよね。あれまだありますよ。

mountain cabin

日本アルプス
中央アルプス

no.33 檜尾避難小屋

2020.10.6

登っていくと、草間彌生的キノコがあったり…。
ぐつぐつ
水玉すなわちミリオンの粒子の点である。私の命。…なんのこと？
魔法つかいのお鍋〜…
きのこ…
今晩のお鍋にどうですか！？
中央アルプスの北部…。
檜尾避難小屋
木曽町
塩尻市
長野県
伊那市
茶臼山
桂小場
2956 駒ヶ岳
将棊頭山
2931 宝剣岳
伊那前岳
黒川
宮田村
千畳敷
三ノ沢岳
2728 檜尾岳
小檜
赤沢頭
桧尾橋B.S
菅の台
BC
太田切川
東川岳 2671
熊沢岳 2778
木曽殿越
小地獄
大地獄
空木岳 2864
池山小屋
中田切川
南駒ヶ岳
空木平避難小屋
駒ヶ根市
越百山 2613
仙涯嶺
大桑村
けっこうな
急登を…。
紅葉も〜…。
宝剣岳
翌日、檜尾岳から…。
秋の空
富士山
南アだ！
おや…イルカ岩？
燕岳かっ？いや、熊沢岳じゃ。
東川岳…。
これ何語？
木曽殿越…。
石谷師子さん、徳一くん母子と…。
またよろしくー…すごい人だったね？！
準備できました！
桧尾橋バス停から…。
檜尾避難小屋まだ見えますよ
空木岳の登りは岩々続き。
ちょこっとショートロープも…。
頂上には、途中で会った男性が…。
…
ずいぶん前に追い抜きましたよね？
撮りますよ〜
え？
はい、越百山まで往復してきました
何者！？いや、野村伸さん。
空木岳 二八六四米

mountain cabin

no. 33

檜尾避難小屋

石谷師子さんと、とっくんこと徳一くん母子と、中央アルプス縦走へ。夏に那須《なす》に行った際、師子さんが空木《うつぎ》岳に登っていないので歩こうと話した。

現在の小屋すぐ西に、駒ヶ根市が建てた石室跡が残っている。もともとそのそばには、我が子を失った資産家が建てたといわれる、小さな小屋があったそうだ。石室小屋は1959年8月の台風で崩壊し、71年8月に改築した。88年12月、石室小屋を撤去。場所を移し、現在の4代目小屋を建てた。2020年3月、中央アルプスの国定公園指定を受けた後、登山者の安全、自然環境の保護、山岳観光振興強化のため、22年改修予定だった（22年に「檜尾《ひのきお》小屋」と名前を変え、営業小屋となってリニューアルされた）。

駒ヶ根市産業振興課の田中政志さんの話では、「檜尾避難小屋からの眺望は、個人的に中ア縦走路のなかで上位にランクしています」とのこと。改修にあたって、登山者が安心できる温もりのある小屋であることはもちろん、「眺望のすばらしさを楽しめる仕掛けも考えてみます」と話す。今後、とっても楽しみやね！

DATA

所在地●中央アルプス中央部の檜尾岳（2728m）東側、檜尾尾根上の鞍部（2680m）。檜尾橋登山口から赤沢ノ頭、小檜尾岳経由で7時間。小屋から檜尾岳へは15分
収容人数●23人
管理●現在は檜尾小屋として営業（7月中旬〜10月中旬）
水場●小屋から約5分下った沢水。涸れることもある
トイレ●あり
山行日●2020年10月6〜8日
問合せ先●駒ヶ根市商工観光課☎0265-83-2111

檜尾登山口から急勾配の登山道を行く。紅葉の時期、超満員のしらび平行きバスを檜尾橋で降りたのは私たちだけ。静かで急な登山道を黙々と登った。尾根からはカラマツ林の向こうに宝剣《ほうけん》岳。麓の車道を走るバスも小さく見えていた。赤沢ノ頭を過ぎたら山の様子がしっとりと変わった。「深山幽谷って感じだね」と師子さん。

シャクナゲのピークで休んでいると、登山者が下りてきて言った。「この登山道は眺めがよくて最高でしたよ」

檜尾避難小屋には先客がいて、私たちが着くと「奥どうぞ」と空けてくれた。小屋前からは、目の前に麓の街がぱぁ〜っと広がり、向かい側の雲の上に南アルプスの稜線が。夜、小屋の外では満天の星と夜景がキラキラ見えた。

翌朝、檜尾岳に立つと御嶽《おんたけ》山が西側の雲の上に。アップダウンを繰り返し、岩をへつりながら進む。あたりの様子がわずかの間に次々に変わっていく。

空木岳の山頂直下は岩場が続く。振り返れば、歩いてきた稜線の端っこに檜尾避難小屋が小さく見えていた。

山頂から先にはまだまだ稜線が広がる。今度は越百《こすも》山まで歩きたいね！

一休みして下山を開始。天気は下り坂で、雨のなか池山小屋に到着。檜尾避難小屋で会った女性が先に着いていたが、すぐに寝てしまった。翌朝、起きてきた彼女の言葉にびっくり。私が初めて泊まったときと同じじゃ〜。

14時間ぐらいかな…
寝ちゃいました
私もここで同じようなことやったよ…。

MEMORIES

小屋は22年7月から有人の檜尾小屋としてリニュアルオープン。山行後、市の観光課の田中政志さんにその計画を聞いた。登山者が安心できる温もりのある有人小屋、中ア縦走路の灯台になるような小屋をめざすと話していた。

日本アルプス
中央アルプス

mountain cabin

no.34 安平路小屋

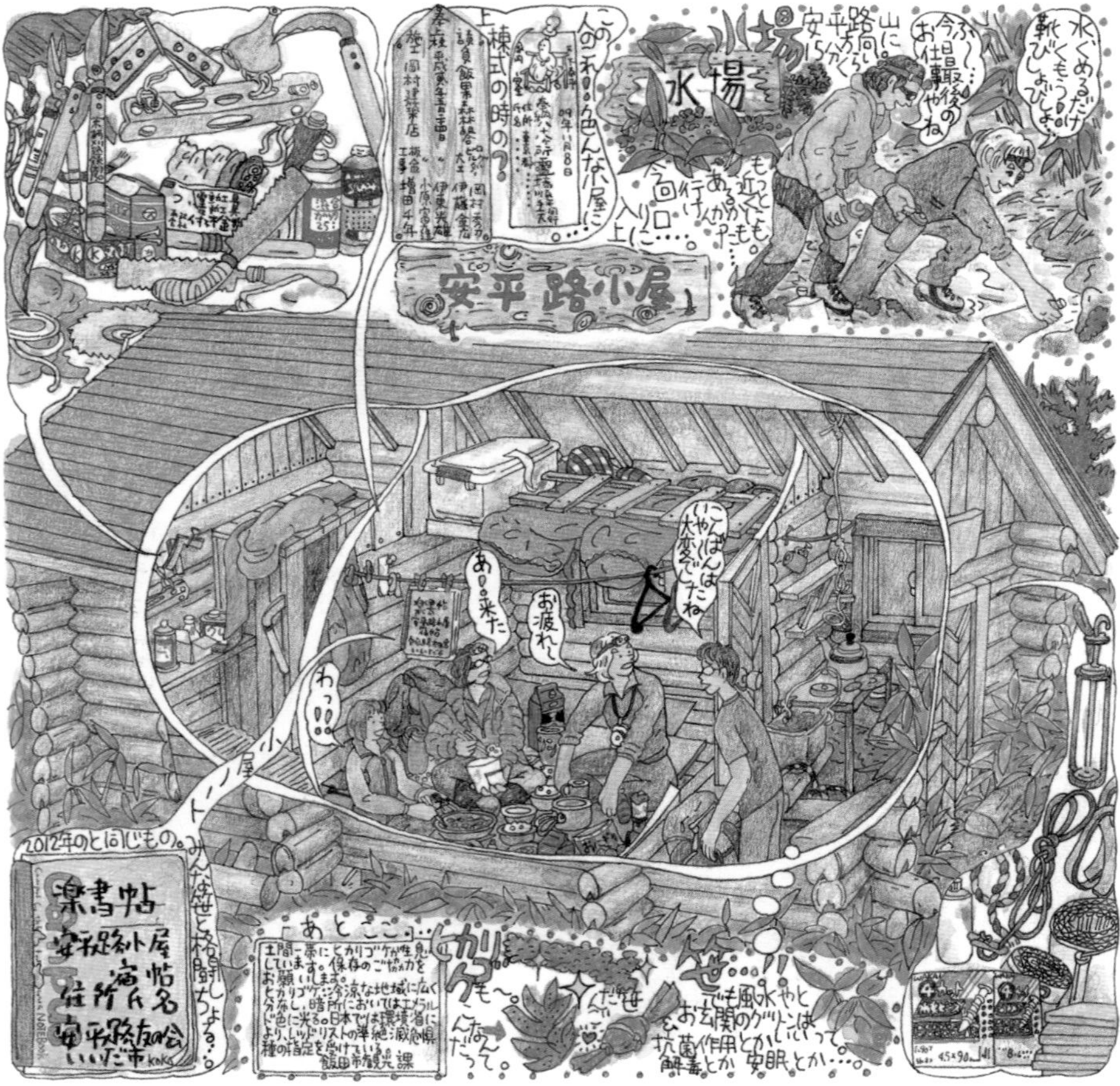

2012年秋、友人カメラマンの
梶山正さんと歩いた。
やあ
にやられくたくた…。
無理やり張ったテントの中で
大げんか!!
松川乗越にて。
って話したら…。
中ア南部…
知る人ぞ知る
薮々ワールド!
長野県
伊那市
太田切川
駒ヶ根市
中田切川
飯田市
木曽町
木曽川
大桑村
越百川
越百小屋
安平路小屋
中央線
JR
松川
大平宿
南木曽岳
越百山 2613
南越百山
安平路山 2363
摺古木山 2169
念丈岳
で1泊して…。
加藤大雄
真美さん夫妻さん
一緒に行ってくれるって!
まじで?
林道歩き長いですね~
昨日の中乗さん
抜けるね~
翌朝…越百山!
おっ猫耳!?
南越山から先はお待ちかね…。
奥念丈岳までは…。
ちょっとは あはあ 言っちゃいましたね
この先は?
ここまでは5年くらい前に薮刈りしたって…
その先…。
そんな気してた~
全部同じ写真に見える
うまかったなー。松川乗越で食べた梨
突如笹の中から…。
あーびっくりした!
こんちは~
若山浩之さん
おつかれ~
安平路山頂

mountain cabin

no.
34

安平路小屋

中央アルプス南部、南越百《みなみこすも》山から安平路《あんぺいじ》山までは、ヤブこぎのメッカ。２０１２年秋、カメラマンの梶山正さんと取材山行で訪れた。想像以上のヤブで、途中、松川乗越で強引にテント泊。疲労困憊のせい?で、その夜は大ゲンカしたな〜。安平路山から摺古木《すりこぎ》山方面に1時間ほどの笹原に小屋がある。

１９５３年、摺古木山周辺で愛知岳連が国体登山部門の予選を行なった。それを機に、周辺の山が注目されはじめ、飯田市の依頼で飯田スキー山岳クラブが踏査縦走。59年、越百山以南に幅２mの登山道が整備され、9月には松川乗越に旧安平路避難小屋が完成。20人ほど入れる二段ベッド式の小屋だったが、今は朽ち果てた姿が笹の中に残る。現在の2代目の小屋は場所を変え90年に飯田市が建設。小屋と周辺登山道の整備は飯田市が担当し15年に小屋を改修したほか、摺古木山付近の笹刈りは毎年行なっている。

このあたりの笹ヤブへの取り組みは、16年から飯島町、松川町の有志のメンバーで結成された「中央アルプス南部岳人ネットワーク」(代表、北原正尚さん)が、念丈《ねんじょう》岳〜奥念丈岳の笹刈りと登山道整備を実施。また、飯田市の廃村、

DATA

所在地●中央アルプス南部、安平路山（2364m）西南西に約1時間の笹原鞍部（2120m）。大桑村、伊奈川ダム下の登山口から、越百山を経て1泊2日。大平宿そばの下山口ゲートまで摺古木山を経て4時間
収容人数●10人
管理●通年無人、無料
水場●安平路山方面に15分の沢水
トイレ●なし
山行日●2022年10月1〜3日
問合せ先●飯田市商業観光課まちなかインフォメーションセンター☎0265-22-4851

大平宿の保全に取り組む「生活文化同人」の広瀬秀一さんら有志が、22年、南越百山〜奥念丈岳までの笹刈りを行なったが、南越百山〜安平路山間は、「ヤブこぎのコースとして有名」なので笹刈りはせず、テープをつけるのみにとどめたとか。確かに行って笹がなかったらがっかりするかも……。

梶山さんとの山行を加藤大雄さん、真美さん夫妻に話すと、「そこ、行ってみたい！」って。いったいどこのツボに刺さったんじゃ？

初日、越百小屋で1晩のんびりと過ごし、早朝出発。越百山の山頂で日が差し始めた。白い巨岩が点在する南越百山を過ぎると、いよいよヤブに突入。ハイマツまじりの笹は、最初のうちは肩くらい。途中、大きな崩落地を過ぎて奥念丈岳に到着。「ここまでは笹は刈ってあるって話じゃなかったっけ？」その先の笹の勢いは増し、私の体をすっぽりと隠すほどの高さ。延々と続く笹の海を泳ぐように進んでいくと、このまま永久に逃れられないような錯覚に陥る。時折、木々の間から安平路までの山並みが見えている。笹に覆われた登山道は遠くから見ると、なんて平和なんだろう。まるで草原からハイジが出てきそう。と、突如笹の中から男性が！　あ〜びっくりした。

暗くなってから小屋に着き、途中で会った若山さんも間もなく到着した。

翌朝、小屋内部を探索中、若山さんが「上の段、見れないでしょ」と跪いた。うわ〜、ほぼ初対面の人が目の前で跪いてる。まぁお言葉に甘えて……。

MEMORIES

初日休憩中に大雄さんの行動食袋からあずきバー（アイスね）！　山で初めて見た！　そういや前夜泊のセブンで買ってた。それ飲みながら「あれ？　棒が入ってる……」「そりゃ入っとるやろ」と真美さんツッコミ。やるねこの夫婦。

mountain cabin

no.35 南木曽岳避難小屋

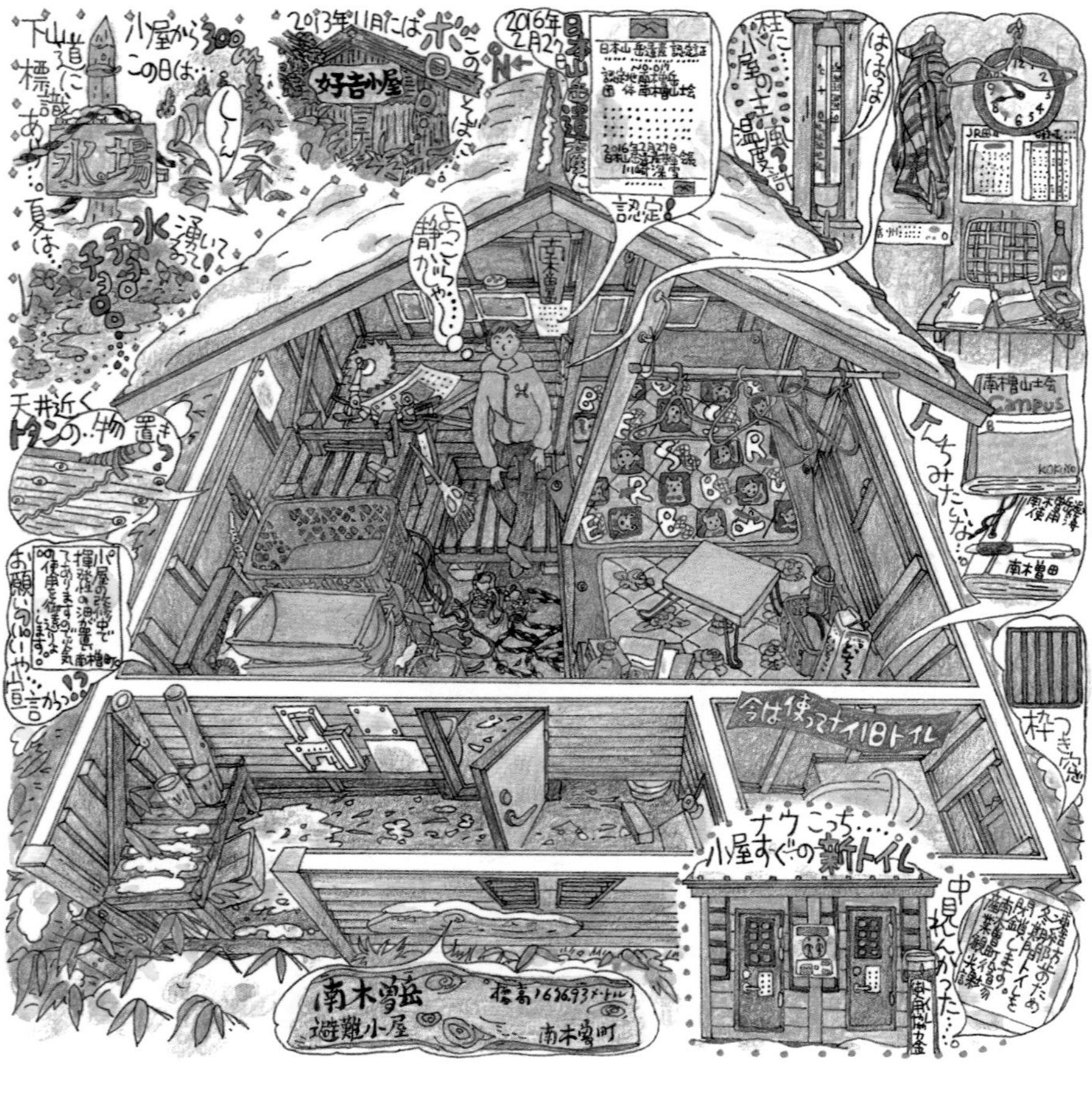

2020.12.29

木の堰堤？さすが木曽
橋を渡って…。
南木曽岳 下山道
蘭
下山道からの分岐を過ぎると…。
高野槙きれ〜!! おとんが仏さんに供えてた…
高野槙の森を登り…。
岩場か木道かをチョイスして…。
前に来た時 みぽりんが…。
イラストレーター 長野美穂
うたこ〜
岩場っても、ほぼラッセル…。
林道を歩き…。
南木曽岳避難小屋
中央アルプスの離れ小島感漂う南木曽岳…。
長野県 南木曽町
見晴台
南木曽岳 1677
展望台
摩利支天
恵那山 2192
もうひとつの離れ小島…。
金明水
金時の洞窟
金時の産湯
南木曽嶽山麓避難小屋
妻籠宿
蘭キャンプ場
蘭登山口
木曽川
なぎそ
蘭川
斎藤茂吉〜
島木赤彦
伊藤左千夫
長塚節〜
アララギ派っ？
静かな静かな蘭登山口から…。ここにも避難小屋が〜。
南木曽嶽山麓避難小屋
摩利支天からは西側の山々が遠〜くまで！
恵那山!! の向こうは…鈴鹿か〜!!
もしもし…今、そっち見えたんですよ〜
そっち方向か…。
え〜!!
角谷道弘ガイドから工エ神戸にて
展望台からは中アが〜！
ほぼ〜
さくら大福
眺望ゼロの南木曽岳山頂で…。
下山道

mountain cabin

no. 35

南木曽岳避難小屋

2020年末、中央アルプスの南端に近い南木曽《なぎそ》岳に登った。ここは以前秋に登ったことがある。

1960年代、地元の片山好吉《かたやまこうきち》氏が蘭《あららぎ》地区の人々と協力して山頂に好吉小屋を建設。南木曽山麓開発組合を組織し、観光開発を進めた。その後、南木曽町が山頂直下南の鞍部に初代の避難小屋を建てた。老朽化により、94年、現在の場所に2代目の小屋を建設し、14年には別棟のトイレを新築した。なお、数年前の豪雪で好吉小屋は崩壊した。

小屋や周辺登山道の整備・管理は、南木曽町と、麓に住む石川文雄さんらが中心となって活動する南木曽山士会が行なっている。石川さんに電話すると、開口一番「いい山でしょ〜」と。石川さんは80年代から一人でこの山の整備をしていたが、徐々に人々が集まって同会が組織され、ボランティアで整備を続けているそうだ。

16年に日本山岳遺産に認定されたのを機に、年に1〜2度「南木曽岳山の日」を設け、一般登山者が参加できるイベントを開催している。コロナ禍で20年は開催できなかったが、今後、落ち着いたら開催予定だとか。

DATA

所在地●長野と岐阜の県境付近。中央アルプスの南端2番手の南木曽岳（1677m）山頂から北に15分の頂上台地上。南木曽嶽山麓避難小屋のある蘭登山口から3時間。南木曽岳登山道は登り専用、下り専用に分かれており、時計回りに歩く
収容人数●10人
管理●通年無人、無料
水場●小屋から300m、好吉小屋跡そばの湧き水。涸れることもある
トイレ●別棟にあり
取材日●2020年12月29日
問合せ先●南木曽町商工観光係☎0264-57-2001

南木曽嶽山麓避難小屋のある蘭登山口から歩き始めた。登山道には前日降った雪が積もり、進むにつれその量は少しずつ多くなっていった。橋を渡り森に入る。あたりは本当に静かだ。鳥の声も聞こえないなと立ち止まると、上空を飛ぶ飛行機の音とチロチロと水の音が聞こえていた。

南木曽岳は、途中から山頂までの登山道と山頂からの下山道に分かれている。下山道との分岐を過ぎると傾斜が増し、高野槇《こうやまき》の森になる。高野槇はよく実家の寺の仏さんに供えてあったなぁ。

その先で岩場と木道を選ぶ箇所が。ほぼ雪に埋もれた岩場を登り、さらに進んで傾斜が緩くなると、木々に囲まれた山頂に到着した。

そこから避難小屋と展望台のある方向に。トレースが減り、先ほどより歩きづらい。ふと気づくと、横から入ってきたシカの足跡がうっすら残るトレースに合流していた。シカもトレースがあるほうが歩きやすいのかも……。

小屋から少しの展望台からは、白くなった中央アルプスや御嶽《おんたけ》がよく見えた。前にここに来たのは紅葉が美しい時期で、この場所でたくさんの登山者がお弁当を食べていたのを思い出した。

摩利支天《まりしてん》展望台からは、恵那《えな》山や、その左側に鈴鹿《すずか》山脈がよく見えた。

ところで、この山には金太郎由来の場所がいくつかあるけど……。

MEMORIES

以前登りに来た時に、冬に登りたいと思った。雪のこの山楽しかったよ。南木曽山志会メンバーは現在15人ほど。変わらず年に1～2回の登山道整備などを行なっている。今後一般参加ができるイベントを考え中だそう。

mountain cabin

近畿
鈴鹿

no.36 池ヶ谷避難小屋

2021.3.30

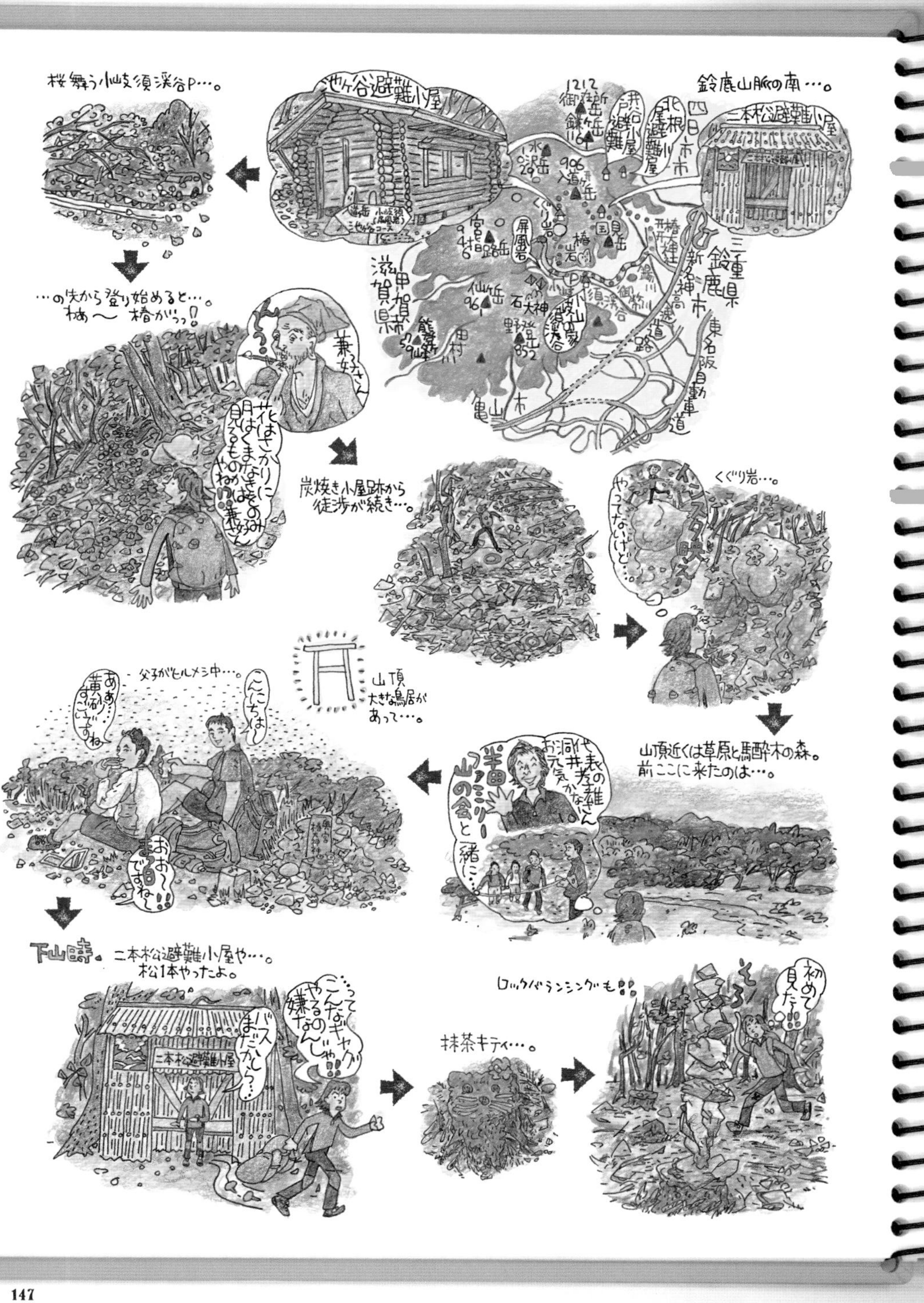

桜舞う小岐須渓谷P…。
池ケ谷避難小屋
鈴鹿山脈の南…。
二本松避難小屋
1212 御在所岳
鎌ヶ岳 1161
井戸谷避難小屋
北屋根避難小屋
四日市市
水沢岳
906 入道ヶ岳
くぐり岩
宮指路岳
屏風岩
椿岩
国見岳
滋賀県甲賀市
仙ヶ岳 961
石大神
小岐須山の家
野登岳 852
小岐須渓谷
鈴鹿市
三重県
新名神高速道路
東名阪自動車道
亀山市
…の先から登り始めると…。
わあ〜 椿がっっ!
兼好さん
花はさかりに月はくまなきをのみ見るものかは 兼好さん
炭焼き小屋跡から徒渉が続き…。
くぐり岩…。
インスタ映え やってないけど…
山頂 大きな鳥居があって…。
父子がヒルメシ中…。
ああ 黄砂すごいですね
こんにちは!
おお〜 まっ白ですね!!
山頂近くは草原と馬酔木の森。前ここに来たのは…。
代表の井洞孝雄さん お元気かな
半田ファミリー山の会と一緒に…。
下山時。二本松避難小屋や…。松1本やったよ。
バス まだだから…
こってんなギャグやるの嫌なんじゃ!!
抹茶キティ…。
ロックバランシングも!!
初めて見た!!

mountain cabin

no. 36

池ヶ谷避難小屋

鈴《すず》鹿《か》セブンマウンテンのひとつ、入道《にゅうどう》ヶ岳は、山頂付近になだらかな草原とアセビの群落が広がり、伊勢湾や鈴鹿の山々の展望が得られる。

また、この山は麓の椿大神社《つばきおおかみやしろ》の奥の院でもある。春秋の大祭の際には山頂までお参りする行事があるほか、登山者が多く、その安全のためや休憩所を兼ね、周辺登山道に4つの避難小屋がある。そのなかでいちばん大きいのが池《いけ》ヶ谷《たに》避難小屋だ。

1990年3月に地元の人と鈴鹿市役所職員を含めた山の愛好家が建て、その後登山道と小屋の管理を続けているが、詳しい経緯は残っていない。

小岐須《おぎす》渓谷山の家から林道を奥へと歩いた。前にこの山に来たのは10年ちょっと前。「半田ファミリー山の会」の30周年記念山行にご一緒させてもらった。雨のなか、総勢80人ほどで椿大神社横から北尾根を登ったな〜。

登山道上には椿の花がまるで道しるべのように続いている。花を追っていくと急な谷地形になり、徒渉が続いた。ミソサザイの鋭い声が、時折、ピィーと沢音を遮るように響いた。

DATA

所在地●三重県と滋賀県の県境に広がる鈴鹿山脈の南部、入道ヶ岳（906m）の山頂から南南西1000mの谷沿い。小岐須渓谷、御弊川支流の経ヶ谷沿いの平坦地（550m）。近くに「くぐり岩」がある。小岐須渓谷山の家から林道を40分、その後谷筋を歩き50分。小屋から入道ヶ岳山頂まで1時間30分

収容人数●5人

管理●通年無人、無料

水場●近くの沢水

トイレ●なし

取材日●2021年3月30日

問合せ先●鈴鹿山渓観光協会☎059-371-0029

谷に大きなチョックストーンが挟まった「くぐり岩」が見え、鎖場を登ると小屋に着いた。その先でいったん尾根に出て再び谷筋に戻る。開花を待つタマアジサイの丸い蕾が揺れていた。

谷筋を離れ、傾斜が落ちていくと、広い草原に出た。振り返れば、白い花をつけたアセビの森がもこもこと広がり、その向こうに御在所《ございしょ》岳や鎌《かま》ヶ岳が霞んでいる。山頂には大きな鳥居があり、そばで父子がごはんを食べていた。見えるかなと思っていた伊勢湾は、白く霞んでまったく見えず。思わず「真っ白ですね～」と言うと、「そうですね、今日は黄砂がいちだんとすごい」とお父さんが言った。麓の鈴鹿市に住む父子で、お父さんは2月から5度もこの山に来ているそうだ。「今日は珍しく下の息子が一緒に来てくれました」とうれしそうだ。

写真を撮り合ってから、親子に手を振って下山。アセビのトンネルを抜け、急な傾斜を下っていく。途中、バス停のような二本松避難小屋があり、さらに下ると椿大神社の裏手に出る。このあたりから山頂までルートが3つある。

麓に下りると、どこからか花の香りが。いい香り～。桜やろか……。

そんなうっとりした気分も束の間。ここから登山口の小岐須渓谷まではかなりありそう。だいたいここはどのあたりじゃ?と地図を見ていると……。

MEMORIES

22年12月半田ファミリー山の会の40周年記念行事に参加。会員ほかくまさん・美帆さん夫妻らと鈴鹿某所を登り途中からナメコとり大会に！　代表の洞井さん「いいかげんにせんと帰れんよ！」と言いつつ、いちばん採ってた？

mountain cabin

no.37 綿向山五合目小屋

近畿
鈴鹿

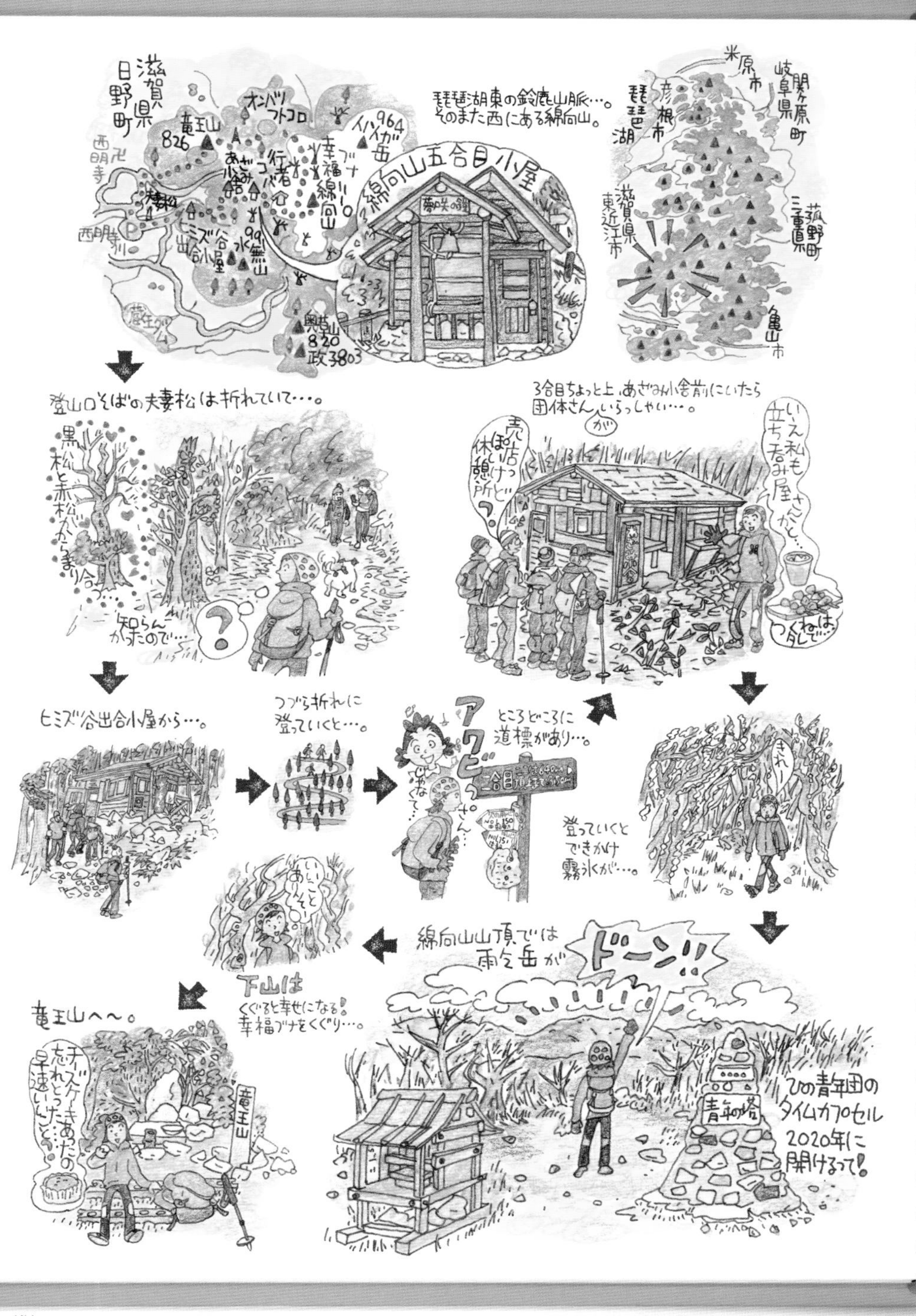
琵琶湖東の鈴鹿山脈…。そのまた西にある綿向山。
綿向山五合目小屋
滋賀県日野町
オンバツフトコロ
竜王山 826
イハイガ岳 964
幸福ブナ
綿向山
行者コバ
あざみ小舎
西明寺
西明寺川
ヒミズ谷出合小屋
水無山
米原市
岐阜県関ケ原町
彦根市
琵琶湖
滋賀県東近江市
三重県菰野町
亀山市
登山口そばの夫妻松は折れていて…。
黒松と赤松がからまり合って…
知らんかったので…
3合目ちょっと上、あざみ小舎前にいたら団体さんがいらっしゃい…。
売店っぽいけど休憩所?
いえ私も立ち呑み屋さんかと…
つくねはタレで…
ヒミズ谷出合小屋から…。
つづら折れに登っていくと…。
アワビ
ところどころに道標があり…。
登っていくとできかけ霧氷が…。
きれい!
綿向山山頂では雨乞岳がドーン!!
いいことありそう!
下山は
くぐると幸せになる!幸福ブナをくぐり…。
竜王山へ～。
チーズケーキあったの忘れとった…
竜王山
青年の塔
ひの青年団のタイムカプセル2020年に開けるって!

mountain cabin

no. 37

綿向山五合目小屋

正月、鈴鹿《すずか》山脈の綿向《わたむき》山に向かった。この山の霧氷はそりゃあきれいだとか。でもこの暖かさで、どうやろか……。

綿向山付近の山林は、綿向生産森林組合の所有。山林は古くから麓の集落が共同利用してきた。1899年、日野町・西大路村・鎌掛村の合同山林組合が発足し、スギやヒノキの植林が始まった。55年の町村合併を経て、64年に綿向生産森林組合となった。

そのため、この山には数箇所の作業用小屋があった。時代とともに利用が減る一方、登山者が利用していたので、地元有志や青年団「西大路ユースクラブ」により、改築・改修された。その後の登山ブームにより登山者が増え、99年6月、綿向山を愛する会（以下、WAK）が創立。同時に小屋修繕を決め、2000年ヒミズ谷出合《であい》小屋、02年あざみ小舎、04年10月11日、五合目小屋が次々と竣工された。展望がよく、チャペル風の小屋に泊まりたいという声も多いが、ここはあくまでも休憩用。非常時以外の宿泊は禁止だ。

WAKの会員は現在112人と2団体。小屋や登山道の管理のほか、標高にちなんだ11月10日の「綿向山の日」に「ふれあい綿向山Day」などのイ

DATA

所在地●琵琶湖の西にある鈴鹿山脈南部、主峰・御在所岳の西にある綿向山（1110m）の表参道登山道五合目（830m）。西側の御幸橋そばの登山口駐車場から西明寺川沿いの林道を進み、ヒミズ谷出合小屋、あざみ小舎経由で1時間10分。2024年4月から2026年の間、入山禁止
収容人数●10人
管理●通年無人、無料（緊急時以外使用不可）
水場●なし。持参すること
トイレ●なし
取材日●2020年1月3日
問合せ先●日野観光協会☎0748-52-6577

ベントを開催している。

登山口そばの駐車場はほぼ満車。林道を歩き始めると、前を歩く親子の鈴の音がチリンチリンと響いている。ヒミズ谷出合小屋前で親子を追い越して橋を渡り、ヒノキの植林の中をつづら折りに登っていると、たくさんの登山者とすれ違った。三合目で林道をからめ、あざみ小舎で立ち休憩をした後、再び植林を歩けば、ぱかんと開けた場所に五合目小屋が現われた。赤い屋根がかわいらしい。正面の「夢咲きの鐘」をカーンと鳴らし、中に入った。

中でヒルメシを食べていると、ヒミズ谷の小屋で追い越した小泉浩さん・晃浩さん親子が入ってきた。この山が好きでたまに登りにくるけど、こんなに雪が少ないのは初めてだと話した。

小屋を出ると急に寒い。やがて少しずつ雪が出て、森はブナ林に変わる。うっすらとついた霧氷がきれい〜。

山頂では東側正面に雨乞《あまごい》岳がドーン!と現われた。その右にアルペンチックな鎌《かま》ヶ岳が霞んでいる。晴れればアルプスも見えるとか。

下山後、WAKの元会長・横山昇さんにお電話。「『ワンダーフォーゲル』の記事見ましたよ。大雪山に二木亜矢子カメラマンと行ってたね?」。えっ!?

MEMORIES

綿向山の山頂のタイムカプセルは、コロナで22年に開封し、次回70年に向け新たに埋めた。「幸福ブナ」は今「全国くぐるスポット」10位! また歩きたいけど、24年4月〜26年末、作業道整備でなんと登山禁止。が〜ん。

mountain cabin

近畿
布引山地

no.38 経ヶ峰休養施設

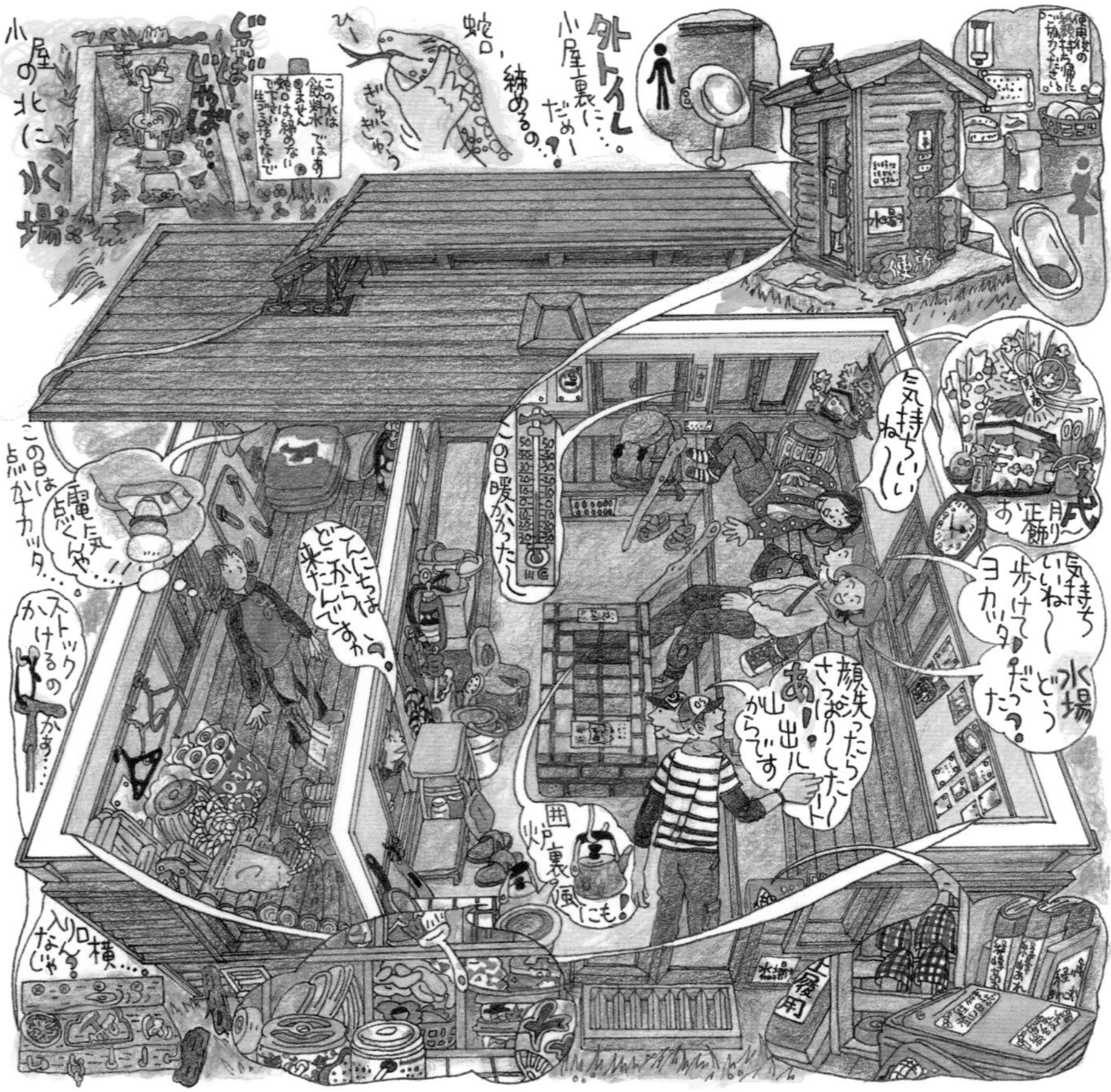

2018.5.20

三重県津市
錫杖ケ岳
安濃町
錫杖湖
伊賀越
北笠岳
761
稲子山
575
習鉢山464
山出ルート
嘉嶺の頭
819
経ケ峰
長野川
目無地蔵
柳谷
美里町
三重県中部
穏やかに連なる
布引山地…。
…の東にある経ケ峰。
経ケ峰休養施設
登山口近くのⓅで準備して…。
レンタサイクル5台…?
植林の森は…。
ミズナラ、ブナ、山桜なんかの森になり…。
オレのクワガタ小学生の時に捕ったヤツだよ
すごーい もしや家族
5人グループ…レンタサイクルの人達?
え なんに?
ミニさくらんぼ
鞍部に来ると馬酔木の木々はクネクネで…。
魔法をかけられちゃったみたい!
山頂は360°の大パノラマ!
西川夫妻にあれこれと…。
あっち北
安濃川をせき止めた錫杖湖があって
ずずっと西
ハゲとるのが嘉嶺の頭で!!…
あれ?日本鋼管の造船所
詳しいなんかして研究してるんですか?
ナニモノ…
いやいや ただの有名人
家族の間で有名人
クハハ…
オヤジギャグ…。
2人が去った後、着信が…。
青山高原に風車〜。
つたこちゃん 今どう?
家で描いてたよ
フルちゃん 学生時代の友人
三重県の山の上 伊勢湾見えるよ
すごいな〜。今さら…。
小屋でくつろいでいると、ファミリーが。
初めて3人でハイキング来ました
山頂に戻ってくると…。
自分のアパートが見えるなんて!!
ほほ〜
初双眼鏡かんど〜
何が見えるんですか?
双眼鏡持ってた…

経ヶ峰休養施設

奈良県の山に東京から車で向かい、もうすぐ到着というとき、伊勢湾岸道等の分岐を間違え三重県に突入してしまった。どうしよう。目の前に広がる田んぼを見ながら、前から行ってみたかった経《きょう》ヶ峰が近いことを思い出した。

小屋は1990年3月、林業業者や登山者の休養施設として、国の補助金を受け、旧安濃町（2006年津市と合併）が建設。02年に放火により全焼、再建を求める署名と協力金が集まり、03年2月にほぼ同じ規模で再建された。

この山には昔から愛好家が多く、小屋が再建された頃に吉本泰之さんが愛《あい》経《きょう》会を作り、小屋やトイレ、登山道の管理をしていた。その後、高校の教員であった山本雅彦さんを中心に受け継がれ、12年ごろ、経ヶ峰クラブと名を変えて、以降も週に一度は小屋を訪れて活動している。山岳部の顧問をしていた山本さんは、生徒のトレーニングでこの山に登り、小屋で休憩することが多かったそうだ。経ヶ峰クラブのメンバーは、随時変わっていったが、この山に登っていた生徒や教員が主だ。

山頂南の美里町から細野ルートを登った。駐車場には5台の同じ型の自転

DATA

所在地●三重県中部、鈴鹿山脈の南、布引山地西端にある経ヶ峰（819m）山頂から北に笹子谷コースを10分ほど下った鞍部（760m）。南側、美里町の細野ルートからは、山頂を経て1時間20分。北側、安濃町の笹子谷ルートからは、1時間10分

収容人数●20人

管理●通年無人、無料

水場●小屋の北側にある。水量は豊富だが飲料用ではないので、生で飲む場合は登山開始前に汲むのがよい

トイレ●別棟にあり

取材日●2018年5月20日

問合せ先●津市安濃総合支所地域振興課☎059-268-5511

車。レンタサイクルだろうか。

植林の森は、ミズナラやブナ、山桜の森に変わっていき、やがて二重山稜の鞍部に来ると、アセビの森になった。下草が極端に少ない。シカの食害がひどいんだろうなぁ。

山頂間近、平木ルートから登ってきた西川夫妻と会い、一緒に山頂へ。山座同定盤と木の展望台、東屋があった。

山頂で西川旦那さんにいろいろと聞くと、ものすごく詳しい。思わず「ナニモノですか?」と聞けば、「いやいやただの有名人。家族の間で有名人」と返ってきた。久々に聞いたオヤジギャグ。言ったとたんに本人が笑い、奥さんと私も大笑いした。

山頂から北に10分ほど下った所に経ヶ峰休養施設がある。小屋でくつろいでいると3人の家族がやってきた。初めての家族ハイキングで、東側の山出ルートから登ってきたのだとか。「歩けるかわからなかったけど、めっちゃよかった〜」と娘さんが言った。

山頂に戻ると双眼鏡をのぞく若者が。そうそう私も持ってた、双眼鏡。「御在所岳山頂のドーム見えますよ。風力発電所のほうもおもしろい。あっ! 亀山市にある僕のアパートが見える!」と少々興奮気味。へ〜どれどれと聞くと、詳しく教えてくれたけど……。

見知らぬ人に自分を教えてる……?
はっ
これ見えた

MEMORIES

経ヶ峰クラブの山本さんから。山頂直下のトイレが老朽化し、試行錯誤の末23年に改修。その際使用する4mの杉板を同会メンバーほか、通りがかりの登山者が運び上げた。きれいなトイレは、みんなで維持管理されてるって。

mountain cabin

no.39 扇ノ山避難小屋

鳥取県と兵庫県の県境に、扇を広げる扇ノ山。
扇ノ山避難小屋
岩見町
河合谷高原
上山高原
鳥取県
国府町
兵庫県
新温泉町
小ヅッコ 1149
大ヅッコ 1273
1310 扇ノ山
畑ヶ平高原
仏尾 1227
シブキ山 1088
青ヶ丸 1239
細見川
ふる東里の森
八頭町
鉢伏山 1221
氷ノ山 1510
前日、北側の大ヅッコくらいから引き返し…。
許しを乞う罪人のような…
あの木さっきも見んかった?
気を取り直して…。
八東ふる里の森から…。
まってな
ちょっと登ると、3人で釣りしてる人たちが…。
今日まだ、7〜8匹しか釣れてないよ…。
イワナ〜!!
登山口でしばし
しかふん
…みんなマッタリの場所なんやね!
雪に埋もれた登山道、ちょっと分かりづらくて…。
こっちでいいんよね?
カケスの羽根拾ったよ
シブキ山宿り木?
稜線からは春の気配…。
ま〜〜っさお!
いまいくで〜!!
おおっ!! 山頂見えてきた。
小屋も!
山頂では気温高し!!
おっ!! ばっちり決まったスキーヤー3人が〜。
シーズン終りだけど、ここ滑れるんだ
先週も先々週も来たよ!! バカだろ〜!
なんでカメラ2つ持ってるの??
先木直美さん
長尾伸一郎さん
津島晋さん
かっこいい よくこの山来るんですか??!!

mountain cabin

no. 39

扇ノ山避難小屋

兵庫県の最高峰である氷《ひょう》ノ山《せん》のさらに北、鳥取県との県境に扇のようにゆったりとした山容を見せる扇《おうぎ》ノ山《せん》。山頂に至るには兵庫県側の北面から登る2コースと、鳥取県側の西面、南面からの４コースがある。なかなか山深い場所にあるが、兵庫県にある実家に帰った際に向かった。山頂に避難小屋が立っている。

現在の小屋は2代目。初代はコンクリートブロック造りのものだったが、建築年の記録はない。１９９４年に鳥取県が木造避難小屋へ建て替えをし、２０１７年8月、落雷により外壁や窓ガラスが大きく破損したため、19年に修繕工事をした。そのせいか、ガラス張りの入り口から中に入ると白壁や黒光りした柱などが使われた、古民家宿のようなとてもきれいな小屋だ。

鳥取県の「緑豊かな自然課」に属する自然保護監視員が不定期に巡視をし、小屋と登山道の管理をしている。21年、鳥取県側の登山道4コースにある標識類を一部リニューアルした。

初日に北面の上《うえ》山《やま》高原から歩き、小ヅッコ、大ヅッコと歩き進むうちに天気が崩れはじめ、あたりは真っ白に。アップダウンのない登山道は、ぐるぐ

DATA

所在地●鳥取県と兵庫県の県境にある扇ノ山（1310m）の山頂広場。南側の鳥取県八頭町、八東ふる里の森駐車場から、林道を1時間でふる里の森登山口へ。その後、谷筋と稜線を歩き1時間30分で避難小屋の立つ山頂へ。山頂へは、ほかに北面、西面からの登山道がある

収容人数●20人

管理●通年無人、無料

水場●なし。八東ふる里の森駐車場から20分ほどの沢水が汲める

トイレ●なし

取材日●2021年4月10日

問合せ先●鳥取県生活環境部自然共生課☎0857-26-7200

ると同じ場所を歩いているような気になってきて、引き返すことにした。

翌日、南側の八東《はっとう》ふる里の森から、沢音の響く林道を歩いた。4月とはいえ、日の差さない沢沿いはひんやりと寒い。20分ほど歩くと、3世代で釣りに来ている家族がいた。リーダーのおじいちゃんは魚を見せてくれ、「今年は雪多いな。クマ、気ぃつけて」と言った。

ぽかぽかと暖かい登山口から、スギの植林とブナの幼木の混じる森を登っていく。雪の残る登山道はとても静か。色彩少ない登山道に、コバルトブルーのカケスの〝雨覆《あまおおい》〟を見つけた。登山道で見つけるこれは宝物のようだ。稜線に出ると、西側の山々は春の気配。さらに進めば真っ青な空をバックに、扇ノ山の山頂が見えてきた。西面の雪はほぼ解けているが、東面には雪が残り、そのなかにブナの木々がジオラマのように立っている

山頂には、意外なほどの登山者がいた。全員、前日私が歩いた小ヅッコから登ってきたようだ。ベンチで横に座った男性に、毎年4月の山開きには野焼きをするので、それを見にくるのもいいと教わった。そのうちばっちり決まった3人のスキーヤーが到着。小屋裏の斜面を何度も滑っていた。スキーシーズン最後、この山だけが滑れるそうだ。来年はスキーで来てみようかな～(苦手だけど)。

麓で買った"新雪梨"。
1~4月が旬だって。
さすがナシどころ!
おいしいな!!
おかん

MEMORIES

前日、北側の上山高原から歩くと誰にも会わず、翌日南側の八東から登ったらこの日も誰にも会わなかった。山頂に着くと、たくさん人がいてうれしかったけど、全員北側からの人々だった。新雪梨食べたいし、また行こっと。

mountain cabin

no.40 出雲峠避難小屋

2019.1.4

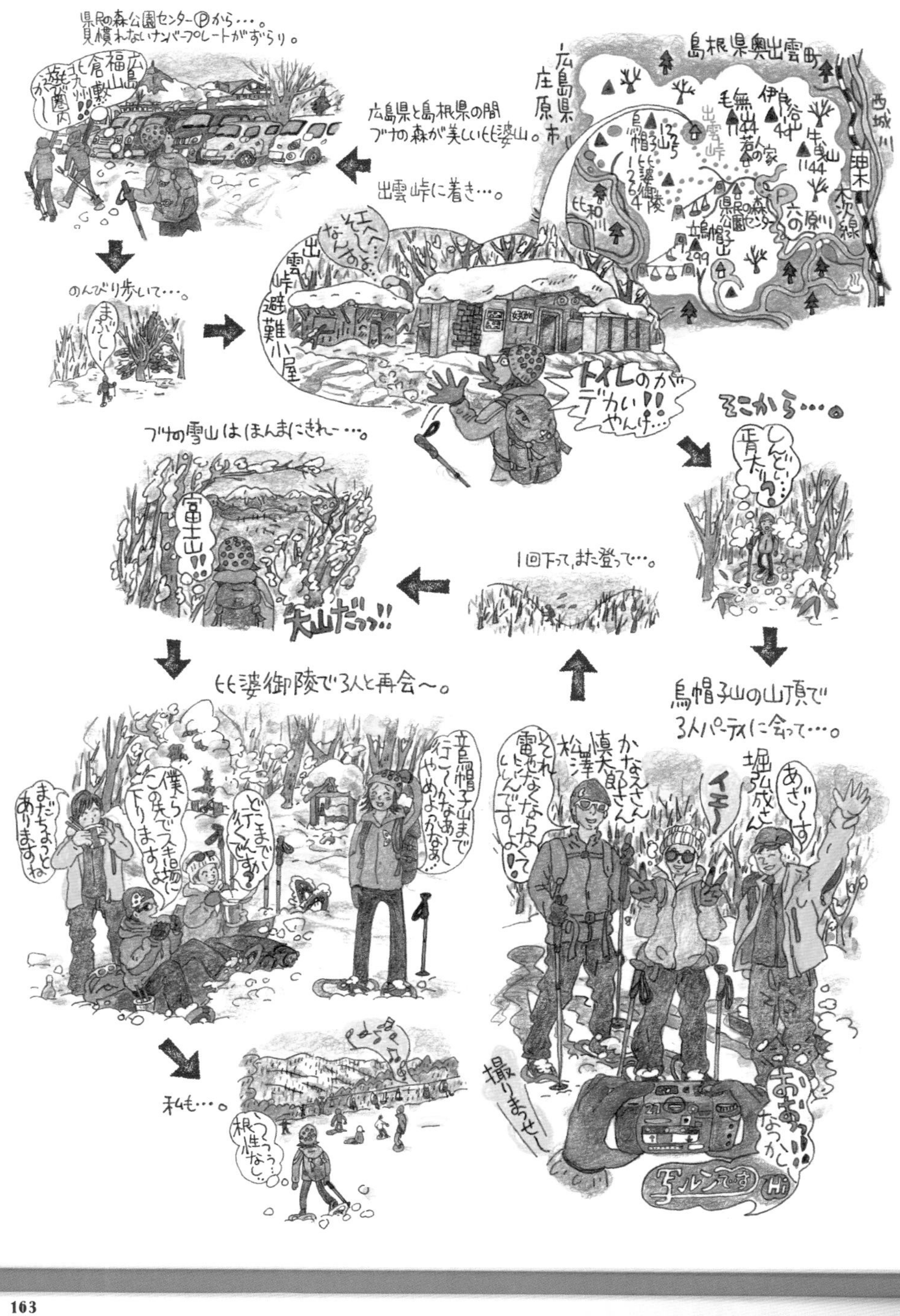
県民の森公園センター Ⓟから・・・。
見慣れないナンバープレートがずらり。
広島 福山 倉敷 北九州!!
遊び圏内かし
広島県と島根県の間
ブナの森が美しい比婆山。
島根県奥出雲町
広島県庄原市
毛無山 1144
伊良谷山 1149
烏帽子山 1225
出雲峠
若人の家
牛曳山 1144
比婆山御陵 1264
比和川
県民の森公園センター
六の原川
立烏帽子山 1299
西城川
木次線
出雲峠に着き・・・。
エヘヘ・・・それしかないんよ。
出雲峠避難小屋
トイレのがデカい!! やんけ・・・
のんびり歩いて・・・。
まぶしー
そこから・・・。
しんどい・・・青太り?
ブナの雪山はほんまにきれー・・・。
富士山!!
大山だっつー!!
1回下って、また登って・・・。
鳥帽子山の山頂で
3人パーティに会って・・・。
かなえさん
槙太郎さん
松澤さん
堀弘成さん
それ電池なくならなくっていいんですよ!?
イエー
あざ~す
撮りまっせー
おおっ!! なつかしー!!
比婆御陵で3人と再会～。
まだちょっとありますね
僕らこの先でスキー場に下りますよ
どこまで行くんですか?
烏帽子山まで行こうかなあ やめようかなあ・・・
私も・・・。
根性なし・・・

mountain cabin
no. 40

出雲峠避難小屋

広島県の北東部、島根との県境にある比婆《ひば》山連峰は、１２００ｍ級の山が馬蹄形に連なり、ブナの原生林が広がる。日本海側気候のため、冬は積雪が多くスキー・スノーボードでも人気がある。

県民の森公園センターがオープンした１９７１年、出雲《いずも》峠にはすでに小屋があったが、小屋建設に関する文献は残っておらず、広島県がトイレと同時に建てたことがわかっている。同センターの小笠原洋行社長にお話を聞いた。かつて広島県と島根県を結ぶ街道があり、ここはその途中の峠。その後、登山道として歩かれるようになると、ここが毛無《けなし》山〜伊良谷《いらだに》山〜牛曳《うしびき》山ルートと、烏帽子《えぼし》山〜立烏帽子《たてえぼし》山ルートの分岐点になっているので、小屋を建てたのだろうとのことだ。

正月明け、県民の森から歩き始めた。雪が多くてびっくり。このあと島根県の三瓶《さんべ》山にも行こうかなぁ。

出雲峠に着くと建物が見える。近づくと、建物の裏にもひっそりと立つものが。その小さなほうが避難小屋で、手前のものはトイレだった。水を汲み出発する人や、小屋近くの広場で昼食を食べるグループがいた。

DATA

所在地●広島県北東部、島根県との県境にある比婆山連峰の真ん中あたり。スキー場のある県民の森公園センターから、若人の家分岐経由で約2.3km歩いた出雲峠（960m）にある。県民の森公園センターから40分、烏帽子山（1225m）まで1時間
収容人数●10人
管理●通年無人、無料
水場●小屋周辺にあり
トイレ●別棟にあり
取材日●2019年1月4日
問合せ先●ひろしま県民の森☎0824-84-2020

そこから烏帽子山へは、やや傾斜が出てくる。あれ？　なんかしんどいな。烏帽子山に着くと、間もなく地元の3人パーティが到着した。山頂は広く、青い空の下、ブナの極相林をさわやかな風が吹いている。木々を彩る樹氷がきらきらと光っていた。

彼らが去ったあと、私も出発。今日はこの先の立烏帽子山まで行きたい。そのそばにも避難小屋があるそうだ。

烏帽子山からいったん下り、また登り始めた。足が重い。立烏帽子山まで歩けるだろうか……。そんな気持ちとは別に、雪のブナ林は本当にきれい。樹氷の向こうに大山が見えている。

比婆御陵《ごりょう》で昼食中の3人に再会。この先でスキー場に下るのだと話した。その後、私はひとり、立烏帽子に向かったが、なんかつらい。どうしたんだろう。えぇい、もう私も下ったれ〜。

森を下り、スキー場を突っ切り、駐車場に到着。立烏帽子山は心残りだが、車の中でエアコンの風で温まっていると心底ほっとした。よし、これなら大丈夫。計画どおり、島根県の三瓶山に向かった。

だが、車を運転し島根県に入ったころ、目の前がかすみ、とうとう我慢の糸が切れ、病院に駆け込み、かくかくしかじか訴えた。検査のあと、「インフルエンザ、ばっちり出ましたよ」と。……あの3人に伝染してないやろか。

まさかこんなことになるとは…。

MEMORIES

歩いててほんまにしんどかったな〜。下山後、未知の土地で3日間の入院となった。ちょっと回復して、車にあった『週刊文春』を取りに抜け出したら、めっちゃ叱られた。「菌をばらまくことになるんですよ！」って。ごめんなさい。

mountain cabin

no.41 避難小屋うまみ

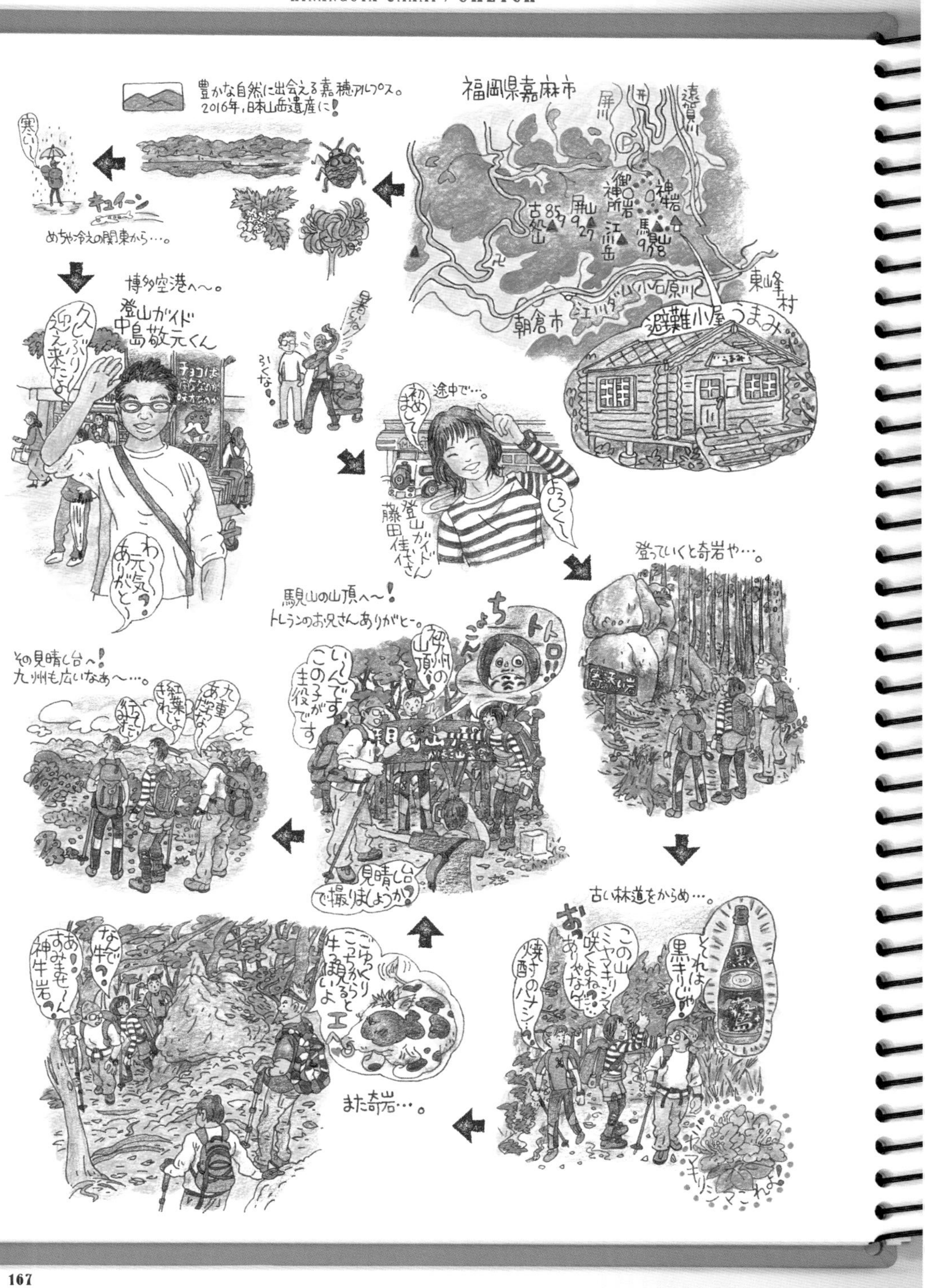

豊かな自然に出会える嘉穂アルプス。
2016年、日本山岳遺産に！
福岡県嘉麻市
寒い…
キュイーン
めちゃ冷えの関東から…。
屏川
遠賀川
御神所岩
古処山 859
屏山 927
江川岳
馬見山 978
東峰村
江川ダム
小石原川
朝倉市
避難小屋うまみ
博多空港へ～。
登山ガイド 中島敬元くん
久しぶり 迎え来たよ
わ～元気？ ありがとー
途中で…。
初めまして
よろしく～
登山ガイド 藤田佳代さん
登っていくと奇岩や…。
馬見山の山頂へ～！
トレランのお兄さんありがとー。
トトロ!!
初九州の山頂！
いーんです この子が主役です
見晴し台で撮りましょうか？
その見晴し台へ！
九州も広いなあ～…。
古い林道をからめ…。
あっ
この山ミヤマキリシマ咲くよね
それは黒キリじゃ!!
焼酎のハナシ…
ミヤマキリシマこれよ！
また奇岩…。
なんで牛？
あ！すみませ～ん 神牛岩？
ごゆっくり こっちから見ると牛っぽいよ

mountain cabin

no. 41

避難小屋うまみ

福岡県のほぼ真ん中にある嘉穂《かほ》アルプスは、貴重な動植物が生息し、豊かな自然に触れることができる。２０１６年度、日本山岳遺産に認定された。選考理由として、山域のすばらしさのほか、そこを保護する環境や人々も考慮された。

10年結成の嘉穂三山愛会は、それ以前からこの山域でイベントの主催や登山道整備などを行なっていた。

事務局長の有田芳行さんにお話を聞いた。日本山岳遺産認定後、助成金を受けて小屋建設を計画。だが17年7月の九州北部豪雨の影響で、作業は登山道を造ることから始まった。人力で5トンの資材を運び上げ（！）、手作業で造った小屋が出来上がったのは18年の5月連休。この場所に建てたのは、展望のよさからだが、その後は気軽に縦走登山ができるようになった。同会の会員数は27人。今も変わらず、地域に根付いたイベントを主催している。

さて、そんなことを知らず、のんきにネットで見て行きたくなった私。様子を聞こうと福岡在住の登山ガイド、中島敬元君に電話をすると、一緒に行ってくれるという。あっという間に計画を立て、なんと下見までしてくれた。

DATA

所在地●福岡県のほぼ真ん中、古処山（859m）、屛山（927m）、馬見山（978m）からなる嘉穂アルプス。避難小屋は、馬見山山頂から徒歩3分の山頂広場にある。山頂北部の嘉麻市側、馬見山キャンプ場奥の登山口から神牛岩などを見ながら1時間30分

収容人数●20人

管理●通年無人、無料

水場●山頂南の御神所岩近く

トイレ●なし

取材日●2019年10月22日

問合せ先●嘉穂三山愛会☎090-9791-5699（事務局長・有田芳行）

寒い関東から博多空港に着くと別世界の暖かさ。迎えに来てくれた中島君の車で登山口へ。この日は彼の友人、登山ガイドの藤田佳代さんも同行してくれることに。ふたりは「くじゅうネイチャーガイドクラブ」のメンバーだ。しっとりとした杉林を登り始めると、やがて風穴や寄添い岩といった奇岩が現われる。「ここからずっと沢沿いなんだね」と中島君。音がないので気づかなかったが、登山道横には苔に覆われた石灰岩の大岩が続いている。林道をからめ、急な傾斜を登って、ブナ林の尾根に入る。さわさわと風が通り抜け気持ちがよい。

「神牛岩」で首をかしげた。全然牛じゃない。すると下りてきた人が、「上から見ると牛に見えるよ」と教えてくれた。なるほど〜。

山頂は木々に覆われている。見上げていた佳代さんが小さな実を取り、「ほら、シキミの実。いい香りでしょ」と教えてくれた。葉っぱの向こうに見えるのは英彦《ひこ》山だそうだ。

椿やシキミのトンネルを抜けて小屋の立つ展望台に。筑後平野の向こうに普賢《ふげん》岳や阿蘇《あそ》山なども見えている。九重《くじゅう》連山はこの時期、紅葉がきれいなのだとか。九州も広い。また来たいな。5月の山開きでは、ここで嘉穂三山愛会が天空の餅つき大会をするそうだ。

MEMORIES

仲間と九州日向神でクライミングを計画。1日前乗りしてこの山に。中島くんに連絡したら、下見をして友人の佳代ちゃんを誘って同行してくれ、下山後に温泉、その後焼肉おごってくれた。岩場で仲間から「おごるの逆やろ！」と。

避難小屋に泊まるには…
マナー＆ルールなどなど
地域や山域で使用条件が違うよ。下調べして行こう！
通年無人開放している小屋や…。
ハイシーズンには…。
管理人さんがいたり…。
ようこそ
予約してねって所も。
緊急時以外使用禁止って小屋…。
H.Pとか見て。
はい
リアル避難小屋
さあお入り
テント泊やめてねって所や…。
植生の保護よ。
地図に載ってても…。
食糧、寝具はないのが普通。
持って行こう。
防寒具もね。
管理人さんがいたら
買えることも…。
TOMATO
asahi
よく冷えたビール
水場も確認！
ない所もあるよ。
Platypus
背負ってかなきゃ…。
協力金などは
指定の場所に入れてね。
小屋の維持に使うよ！
小屋利用協力金箱
トイレも
100円程ご協力お願い
トイレありがとう
火の取り扱いに注意！
換気も〜。
くれぐれもね。

トイレがない場合
携帯トイレ使ってね！
外トイレは昼間確認しよう。
うわ〜
使い方、注意書きを守って！
登って感動下って感謝
トイレは綺麗に爽やかに
トイレットペーパー押し込み棒!…
紙の捨て方、持ち帰りも。
挨拶しよう！
"早い者勝ち"じゃないよ。
こんばんは ここ空きますよ
こんばんは〜 後からすみません
窓閉めて…。
来た時よりも美しく！
余った物、ちゃんと持って帰って…。
就寝時間は決まってないけど…。
譲り合おうね。
メモリーは…。
ノートに書こう！
Campus
1人で避難小屋怖いって…？
あたしも〜
し〜ん
ぱんぱか…
そんな時のための長年のオトモダチ
ぱ〜ん…ってほど？
SONY
あとね、あんまりググると…。
行けなくなっやんけ！
ちゃった…
あ、やっぱり…。
まさかの時用にツエルト持ってって。

あとがきにかえて

タイトルを決めるのに、編集の神谷くんと紆余曲折……。
もしもし神谷くん…
ハートキャッチ♡避難小屋
またまた！避難小屋
避難小屋の逆襲？？？
避難小屋 望郷篇
惚れたと言っておくんなさい

前作の「それいけ避難小屋」から5年ちょっと。パワーアップして帰ってきました！

今回訪ねたのは、前作からの宿題になっていた小屋に加え、友人やガイドのお客さまに誘われた小屋も。ひとりでふらふら行くのも楽しいが、ほかの人の視点で小屋を訪れると新鮮な発見もあった。また、それをイラストに描き起こすうち、その人たちと過ごした楽しかった時間を思い出し、誌面に再現できる……。イラストにはこんな力があったんだと新たな驚きもあった。

友人でガイドの先輩である篠原達郎さんとは、避難小屋以外でも、プライベートでたくさんの岩場や山を登った。ふたりで、またはほかの友人を交えて行く山行で、かけがえのない時間を過ごし、篠原さんを通じて仲間も増え、山の世界が広がった。

また、石谷師子さんと息子の徳一くんとの山行は、「歌子さん、ここ連れていって」と師子さんから連絡があり、出かけて行った。山の経験が豊富な師子さんの提案の中には私が知らない小屋もあり、驚くことも。22年のお正月にもらった長いお手紙に今後行きたい山が書いてあったが、それが次回の宿題になりそうだ。

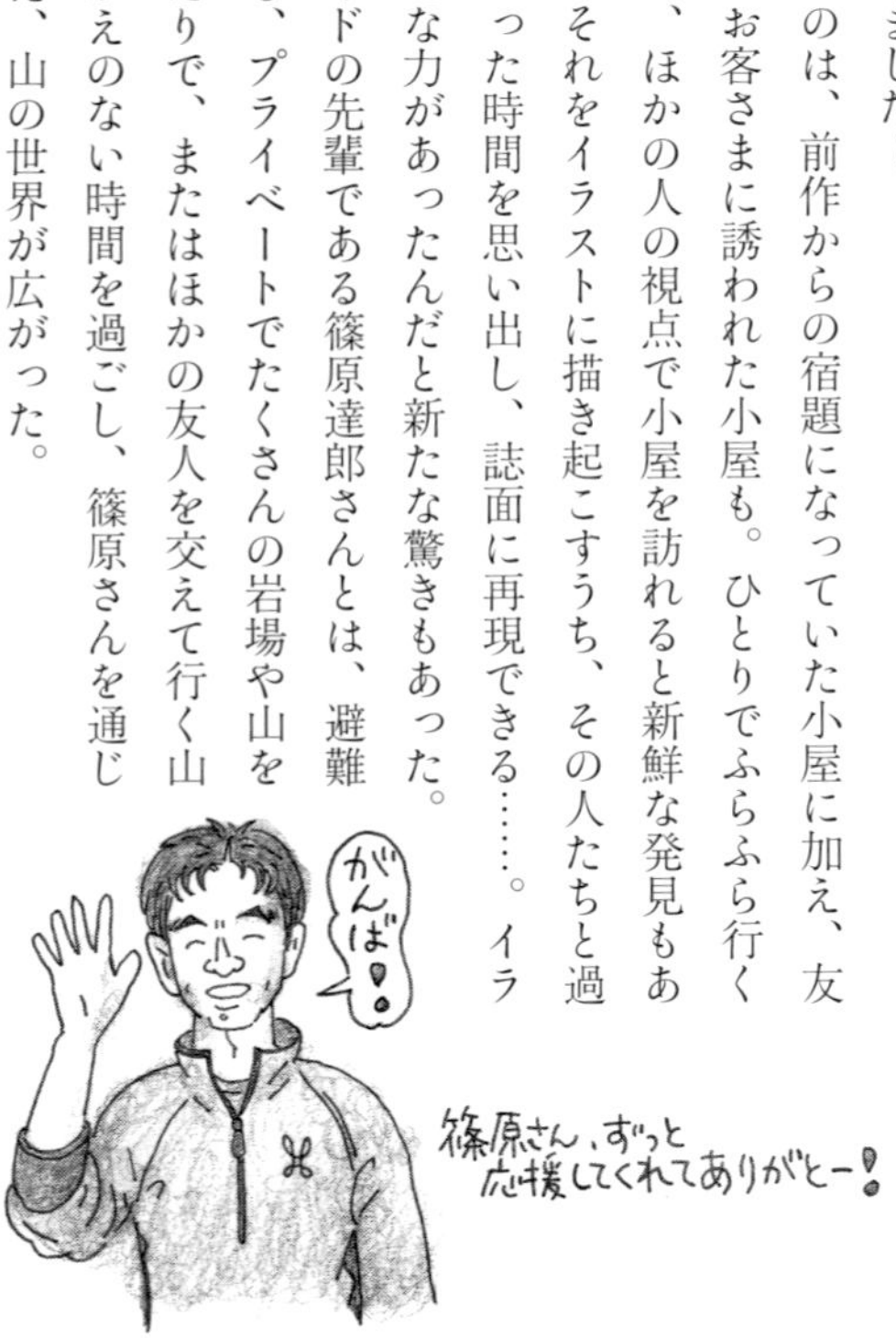
がんば♡。
篠原さん、ずっと応援してくれてありがとー！

前作同様、避難小屋の歴史は、地元の役場のほか、有志で小屋を維持されている方などにお話を聞いた。たくさんの方々の情熱

避難小屋R!??
そして…。
帰ってきた!避難小屋
シュワッチ
父
母
避難小屋リローデット

と労力で小屋と周辺登山道が維持されていることを知り、そんなお話を聞くのはとても楽しく、「あぁもう一度行きたいなぁ」と思うことも多い。

避難小屋に行く時は、下調べをしたほうがいいに決まっているが、実は私は下調べをせずに丸腰で行くことがよくある。そのせいで失敗もあり、事前に知っておいたらよかったということももちろん多々あった。

そう。今回の「帰ってきた……」を始めるにあたり、最初に編集部に提出した「暫定リスト」は今どこへやら。編集部の神谷くんは、毎度毎度〆切ギリギリか、〆切を過ぎてから、「今回の小屋」を知るという状態だった。神谷くんて勇気あるな〜。

そして、変わらずレイアウトをしてもらった「若井さんマジック」は、今回も。前回に輪をかけて私の指定は、自分で見直しても意味不明。おまけに順番を説明する矢印が右や左に交錯して頭が痛くなってくる有様だった。

連載でふれあった方々、楽しかったこの山行日記を読んでくれたみなさま、連載と本作りを支えていただいた編集部のみなさま、大日本印刷のみなさま、（そしてとってつけたように）応援してくれたお母ちゃん、本当にありがとうございます。またどこかの避難小屋で！

避難小屋めぐりのきっかけ、八瀬森山荘を10年ぶりに訪れた。
萌えポイントも…。
おかえり

相変わらず遅いあたし…。
デザイナー若井さん
仏の顔も3度まで…って書いてない…
ありがとーごめんなさい…

本書は、『山と溪谷』２０１９年5月号〜２０２３年4月号に掲載（途中休載あり）した「帰ってきた避難小屋」を基に、加筆・訂正を行なって再構成したものです。Ｎｏ．10「八瀬森山荘」、Ｎｏ．34「安平路小屋」、「避難小屋利用に泊まるには〜マナー＆ルール〜」は描き下ろし。

橋尾歌子　はしお・うたこ

イラストレーター、登山ガイド。多摩美術大学大学院修了。（有）アルパインガイド長谷川事務所勤務、（社）日本アルパイン・ガイド協会勤務を経てフリーに。2004年、パチュンハム（6529m）・ギャンゾンカン（6123m）連続初登頂。（公社）日本山岳ガイド協会認定登山ガイドステージⅢ、UIMLA国際登山リーダー。バーバリアンクラブ所属。
https://uta-mountain.com/

ブックデザイン　若井夏澄　狩野聡子（tri）

編集　神谷浩之（山と溪谷社）

帰《かえ》ってきた避《ひ》難《なん》小《ご》屋《や》

2024年4月5日　初版第1刷発行

著　橋尾歌子

発行人　川崎深雪

発行所　株式会社 山と溪谷社
〒101-0051
東京都千代田区神田神保町1丁目105番地
https://www.yamakei.co.jp/

印刷・製本　株式会社シナノ

●乱丁・落丁、及び内容に関するお問合せ先
山と溪谷社自動応答サービス
TEL.03-6744-1900
受付時間／11:00～16:00（土日、祝日を除く）
メールもご利用ください。
【乱丁・落丁】service@yamakei.co.jp
【内容】info@yamakei.co.jp

●書店・取次様からのご注文先
山と溪谷社受注センター
TEL.048-458-3455　FAX.048-421-0513
●書店・取次様からのご注文以外のお問合せ先
eigyo@yamakei.co.jp

Printed in Japan
ISBN978-4-635-17215-8